KB079906

세상을 공부하다

세상을
공부하다

우태영 지음

더 큰 세상을
보고, 배우고,
이끌고 싶은
이들에게

BLUE
BOOKS
MEDIA

머리말

세상 이슈에 대한 나의 가장 오래된 기억은 1997년 IMF 외환위기였다. 아주 어렸을 때였지만 '나라가 망했다'는 듯 흥분해서 이야기하던 TV 속 뉴스 앵커의 모습에 나는 "IMF가 뭐야?"라고 아버지에게 질문을 던졌던 기억이 아직도 생생하다. 그리고 20년이 지나 외환위기를 다룬 영화 <국가부도의 날>을 보며 그 당시의 기억과 함께 내가 세상을 너무 모르고 살았다는 생각에 가슴이 아팠다.

글로벌한 사람이 되어 세계를 누비며 살아가겠다는 꿈을 가지고 있던 나는, 정작 국가 간의 경제적 관계, 신용, 그리고 환율 등 경제에 대해 아는 게 하나도 없었다. 나는 왜 그동안 국제흐름에 대해 관심을 가지지 않았을까? 학교에서 배운 적이 없었나? 대학시절 회계 수업을 듣긴 했지만, 자산·부채·자본이 어떻다는 정도밖에 기억이 나지 않았다. 내가 얼마나 아는 게 없는지를 다시 한 번 깨달았다.

집에 돌아와 일단 한국의 경제신문과 미국의 경제신문인 월스트리트저널을 구독했다. 그날부터 꾸준히 경제신문을 읽으며, 국제정세와 경제흐름에 대한 지식을 넓히고자 노력했다. 한국과 미국의 소식만 집중적으로 접하면 놓칠 수 있는 세계 경제 이야기가 있을 거란 생각에 영국의 파이낸셜타임스와 일본의 니케이아시아리뷰도 구독해 매일 한 시간 이상씩 신문을 읽는데 투자했다.

얼마 후 미국 트럼프 대통령과 북한 김정은 국무위원장의 두 번째 정상회담이 결렬되었다는 소식이 스마트폰 뉴스 속보로 알림이 떴다. 나는 그 순간 '어, 환율이 올라가겠는데'라는 생각이 가장 먼저 들었다. 바로 포털사이트에서 환율을 검색해 보니 아니나다를까, 원달러 환율이 갑자기 10원 이상 급등했다. 이때 든 생각이 '아, 이래서 평소에 국제정세와 경제에 대해 관심을 가져야 하는구나'였다.

'아는 만큼 보인다'라는 말도 사실 아는 것이 있어야 공감할 수 있는 말이다. 나는 평소 모르는 것이 있으면 그 부분을 파고들어 최대한 내것으로 만들려고 노력하는 사람 중 하나다. 그리고 《나의 문화유산 답사기》의 저자이자 문화재청장을 역임하신 유홍준 교수님께서 말씀하셨던 '인생도처유상수人生到處有相上手', 인생 곳곳에 언제나 나보다 더 잘하는 사람이 있다는 말을 가장 중요하게 여기며 사람들을 만날 때 항상 경청하는 자세를 취한다.

초등학교 2학년 때 가족여행인 줄 알고 떠났던 캘리포니아에서 10대 초반을 보내고, 고등학교 때는 휴대폰조차 잘 연결되지 않는 시골 기숙학교에서 혼자 공부하며 지냈다. 20대에는 세계 최고의 도시로 알려진 뉴욕 맨해튼에서 대학 생활을 하며 다양한 사람들을 만나고 그들의 삶을 접할 수 있었다. 가끔은 학교나 환경 덕분에, 또 말도 안 되는 근거 없는 자신감 덕분에 세계 최고의 리더들을 만날 수 있었고, 그들이 속해 있는 세상을 보고 배울 수 있었다. 우연한 계기로 시작한 사람과 사람과의 연결은 어느덧 사람을 모으는 강연 기획자로 10년, 그리고 해외 베스트셀러를 한국어로 번역해 출간하는 출판 기획자로 5년의 삶을 안겨 주었다.

지금까지 강연 기획자와 출판 기획자로 살면서 타인의 인사이트를 전달해 왔다면, 이제 15년 동안 세계 곳곳을 다니며 보고 느낀 나의 경험과 인사이트를 세상에 전하고 싶다. 이 책을 통해 내가 그동안 진행했던 행사들과 출판의 경험들을 소개하면서 더 큰 세상을 보고 배우고 이끌고 싶은 이들과 함께하고자 한다.

더 큰 세상에 대해 알고 싶다면, 더 큰 무대에서 활동하고 싶다면, 더 넓은 시야를 가지고 풍요로운 삶을 살고 싶다면 좀 더 적극적으로 세상을 공부해 보자. 세상 속에 존재하는 점들을 연결하고, 이 속에서 더 큰 세상을 발견하고, 결국은 세상을 이끌 수 있는 능력을 키워 더 많은 선택지를 가지고 세계라는 무대에서 더욱 더 행복한 삶을 살아가길 진심으로 바란다.

우태영

차례

Part 2
세상을 소개하다

Part 3
세상을 연결하다

Part 4
세상을 발견하다

Part 5
세상을 이끌다

Part 1

세상을
보다

,

나를 통해

서로 다른 학교의 친구들이

만나서 친해지면

너무나도 뿌듯했다.

사람에 대한 호기심과

연결에 대한 즐거움은

이때부터 비롯되었다.

01

여행인 줄 알고
떠났는데

———

    초등학교 입학을 한 달 앞둔 나는 가족과 함께 큰아버지가 살고 계신 미국 캘리포니아 최남단에 위치한 샌디에이고로 향했다. 김포공항에서 미국행 비행기를 타고 도착한 우리는 여느 관광객과 다름없이 바닷가를 시작으로 놀이공원과 동물원을 방문하며 즐거운 여행을 마치고 한국으로 돌아왔다.

    그로부터 약 18개월 후인 2001년 7월, 우리 가족은 다시 미국으로 향했다. 그때 나는 왜 친척들과 친구들이 우리의 미국행을 아쉬워하는지 이해하지 못했다. 새로 생긴 인천공항에서 비행기를 타는 것 외에는 1년 전과 다름없는 여행이라고 생각했다. 생각보다 여행이 길어졌지만 나는 그저 놀 거리를 찾기에 바빴다. 한 달 후 LA에서 1시간 30분 거리의 얼바인^{Irvine}이라는 동네에 도착했을 때 부모님이 "이제부터 우리가 살 곳이야"라고 말씀하셨는데도 그냥 흘려들었다.

지금은 한국인이 많이 거주하는 도시이지만, 우리 가족이 집을 구한 2001년의 얼바인은 아시안 사람을 찾아보기 힘든 조용한 소도시였다. 새로 이사 간 집에서 도보 10분 거리에 있던 공립초등학교에도 아시안 친구를 찾아보기 어려웠다. 그렇게 나는 머나먼 이국 땅에서 평범한 학창시절을 시작했고, 8년 동안 서부 캘리포니아에서 성장했다. 초등학교 고학년이었을 때는 대학 입시를 준비하는 누나에게 부모님의 모든 관심이 집중되었다. 덕분에 나는 공부에 대한 강요나 압박을 받지 않고 친구들과 마음껏 축구나 농구를 하며 보냈다. 형제간의 터울 덕분이었지만, 나는 초등학교 고학년부터 중학교까지 공부 스트레스를 많이 받지 않은 것에 감사하다.

그 시절 나의 삶에 있어 친구들은 매우 큰 비중을 차지했다. 나는 같은 반 학생 모두와 친해지고 싶었고, 같은 학년 전체를 넘어서 심지어 선후배 모두와도 친하게 지내려고 노력했다. 초등학교 졸업 후 모두 같은 중학교에 입학하는 친구들과 달리 나는 다른 지역의 중학교로 진학했지만, 새 학교에서도 친화력을 적극적으로 활용했다. 우리 집과 가까이 사는 친구들과 동네 공원에 모여 초등

세상을 공부하다

◆ 지금은 한국인이 많이 거주하는 도시로 알려졌지만, 2001년의 얼바인(Irvine)은 아시안 사람을 찾기 힘든 조용한 소도시였다.

학교 때 친구들을 소개해 주며 두 학교의 다리 역할을 할 수 있다는 사실이 즐거웠다. 나를 통해 서로 다른 학교의 친구들이 만나서 친해지면 너무나도 뿌듯했다.

지금도 내가 여전히 가지고 있는 사람에 대한 호기심, 그리고 연결에 대한 즐거움은 이때부터 비롯되었다고 생각한다. 어린 나이에 새로운 나라, 새로운 환경에서 새로운 생활을 시작한 것은 나에게 엄청나게 큰 축복이자 행운이란 사실을 인정하고, 항상 감사하고 있다. 물론 나 또한 되돌아봤을 때 아쉬운 점도 많았지만, 이 경험을 통해 얻은 적응능력과 연결에 대한 관심은 지금의 나를 있게 한 원동력이기도 하다.

,

대학에 합격한 누나는 미국 동부의 대학 기숙사로 들어갔고, 부모님은 한국으로 돌아갈 계획을 세우셨다. 이때 부모님의 가장 큰 고민은 나의 고등학교 진학과 대학 입시였다. 한국으로 돌아가면 나는 일반 고등학교에 다니며 수능 준비를 해야 했는데, 중학생 때 겨우 초등학교 4학년 수준의 구몬 국어 문제집을 풀었던 나는 한국 고등학교 수업을 들으며 수능 준비를 하기는 무리라고 판단했다.

결국 부모님은 한국으로 귀국하시고, 나는 미국 동부 코네티컷

주의 기숙학교에 가기로 결정했다. 전교생 2,500명, 한 반에 35명이던 대도시의 공립학교에서, 전교생 580명, 한 반에 12명인 시골 동네의 기숙학교로 전학을 가며, 나는 다시 새로운 환경에 적응해야 했다.

'

사람들과의 대화에

기분 좋게 참여할 수 있을 때

비로소 우리는 본능적인 욕구인

소속감을 느끼게 된다.

이런 점에서 지식은

즐거운 공동체 생활의 필수 요건이다.

02

피할 수 없으면
차라리 즐기자

———

3년 간의 기숙학교 생활에서 가장 기억에 남는 순간은, 마지막 고등학교 3학년(12학년) 때의 첫 영어 수업이었다. 첫 시간부터 바로 수업을 시작할 수 있도록 선생님들은 여름방학 때 독서 숙제를 내주셨는데, 영어 수업의 숙제는 1667년에 출간된 영국 시인 존 밀턴John Milton의 장편 서사시 <실낙원Paradise Lost>의 첫 500줄을 정독하는 것이었다. 선생님은 첫 수업부터 바로 시에 대한 대화를 나눌 예정이니 꼭 읽어오라고 강조했다.

물론 나를 포함해 대부분의 친구들은 <실낙원>을 다 읽지 않았고, 방학을 마친 우리는 첫 수업 시간에 교실로 향했다. 타원형 테이블에 12명의 학생들이 둘러앉았고, 선생님은 우리에게 간단히 인사하고 구석 의자에 앉아 가방에서 클립보드와 종이를 꺼내시더니 펜으로 타원형을 그렸다. 그리고 가져온 책 한 권을 테이블 중앙에 놓으며 말씀하셨다.

"So? How was it?(그래, 어땠어?)"

우리는 서로의 눈치를 보았다. 첫 수업이니 당연히 선생님이 수업에 대한 소개, 책에 대한 소개, 저자에 대한 이야기, 우리가 읽고 왔어야 했던 내용에 대해 설명해 주시면 수업이 거의 끝나가지 않을까 기대했다. 학생들 모두 혼란스러운 표정을 지었다. 우리 모두는 선생님을 바라보았고, 선생님은 고개를 살짝 기울이며 눈썹을 치켜올렸다. 정적이 흘렀다.

"Anyone?(누구 없어?)"

선생님이 참여를 요구하자 학생들은 천천히 하나둘씩 입을 열기 시작했다. 나도 대화에 참여하지 않을 수 없는 분위기였고, 기억나는 부분을 언급하며 한두 번 참여했다. 하지만 나도 알고, 선생님도 알고 계셨다. 나의 참여도가 턱없이 부족하다는 사실을 말이다.

선생님은 수업 내내 종이에 줄을 긋고 계셨다. 도대체 무슨 그림을 그리는지 궁금해 수업 중간 쉬는 시간에 책상 위에 내려놓은 종이를 슬쩍 엿봤다. 처음 대화를 시작한 학생의 자리에 점을 찍으

세상을 공부하다

시고 그다음에 발언하는 학생에게 줄을 그은 거였다. 자연스럽게 가장 대화에 많이 참여한 학생의 자리에 줄이 가장 많았다. 내 자리에는 줄이 거의 없었다. 수업을 마치고 교실에서 나가는 나를 보시더니 선생님은 웃으며, "잘했어. 다음 수업부터는 조금 더 열심히 참여하자"라고 말씀하셨다.

수업이 끝나기 직전, 선생님은 대화 참여가 성적의 30%를 차지할 거라고 설명했다. 참여 점수를 잘 받으려면 적극적으로 질문을 던져야 한다. 숙제로 내준 글을 읽어 오는 것만으로는 안 된다. 질문하려면 시간과 노력을 투자해 집중해서 글을 여러 번 읽어야 한다. 최대한 빨리 숙제를 끝내고 싶었던 나는 이 과정이 답답하게만 느껴졌다.

하지만 매일 이 수업 준비를 위한 시간을 따로 배정했고, 피할 수 없다면 차라리 즐기며 지적 호기심을 채우자는 마음이 생겼다. 결국 이렇게 열심히 준비한 영어 수업 덕분에 다른 수업에서 어떤 질문을 받아도 충분히 대답할 수 있는 자신감이 생겼다. 자신감이 생기자 적극적으로 질문을 던졌고, 어느새 반에서 가장 많이 대화에 참여하는 학생 중 한 명이 되었다. 읽고 말하는 양이 많아지니 작문 실력도 자연스럽게 늘었다.

'

솔직히 고백하자면, 고등학교 시절 영어 수업에서 읽었던 책들에 대한 기억은 거의 없다. 그러나 나는 이 수업을 통해 자신감을 배웠다. 철저한 준비가 가져다주는 자신감, 그것을 한 번 느끼면 어떤 일이든 제대로 준비하게 된다. 이후로 나는 모든 일에서 제대로 준비하고, 최대한 많은 것을 적극적으로 공부하게 되었다.

세상을 공부하고자 하는 마음도 이 자신감에서 비롯되었다. 어떤 자리에서 상대와 대화를 나눌 때 주제에 대해 잘 알지 못하면 의기소침해지고 말을 꺼내는 게 두렵다. 내용은 들어봤지만 자세히 알지 못하니 그저 웃으며 고개를 끄덕이던 경험은 누구에게나 있을 것이다. 반면 내가 잘 아는 주제가 나왔을 때는 당당히 대화에 참여하지 않는가.

나는 항상 나보다 더 똑똑하고 현명한 사람들과 대화를 나누려고 노력한다. 나보다 더 많은 지식을 가지고 있는 이들의 이야기를 들으면서 지적 호기심을 채우는 것이다. 그 지식을 고스란히 내 것으로 만들면 다른 누군가와 적극적으로 대화를 나눌 수 있다. 사람들과의 대화에 기분 좋게 참여할 수 있을 때 비로소 우리는 본능적인 욕구인 소속감을 느끼게 된다. 이런 점에서 지식은 즐거운 공동체 생활의 필수 요건이다.

타인에게 잘 보이기 위해 지식을 쌓을 필요는 없다. 스스로 필요성을 느끼는 것이 가장 좋은 동기부여가 된다. 처음에는 사람들과 대화를 나누기 위해 공부를 시작하더라도 어느새 상대방이 아니라 나 스스로 그 주제에 대해 더 깊은 관심을 가지게 된다. 그렇게 싹튼 호기심은 내가 지금까지 알지 못했던 새로운 즐거움을 가져다주었다.

'

내가 원하고

나에게 필요한 것을

꾸준히 찾으며 도전하지 않았다면

전혀 알지 못했을

나의 기획력과 관심사가

수면 위로 올라온 느낌이었다.

03

친구 아빠가
애플 부사장
이라니

미국에서는 대학 입시를 준비할 때 학업 성적만큼 중요한 것이 교외 활동이다. 대학에서는 그저 공부만 잘하는 학생이 아니라, 자신의 관심사를 적극적으로 발전시키고 리더십을 키워 세상을 이끌어갈 인재들을 찾는다. 그래서 대부분의 고등학교는 외부 활동을 적극 권장하고, 다양한 동아리 활동이 있다는 것을 홍보한다.

축구부 주장을 맡고, 토론 대회에 나가 1등을 하고, 밴드부에서 트럼펫 악장을 하고, 헌혈 봉사까지 하면서 올A를 받는 학생도 있다. 사교성과 리더십을 두루 갖춘 인재로서 사회에 기여하는 리더가 될 수 있다는 것을 다양한 활동으로 보여주는 것이다.

'

나는 비즈니스에 관심이 많아 경영학과 진학을 희망했고, 관련된 교외 활동이 필요했다. 하지만 캘리포니아에 위치한 대도시가 아닌 코네티컷주 시골 동네의 기숙학교에서는 이력을 쌓을 수 있는 교외 활동을 찾기가 어려웠다. 게다가 학교 안에도 비즈니스 관련 동아리가 없었다. 학교 밖에서 다양한 세미나를 듣고 컨퍼런스에 참석하는 캘리포니아 친구들이 부러울 뿐이었다.

그러던 어느 날 우연히 책상 위에 놓여 있던 학교 전화번호부를 보고 아이디어가 떠올랐다. 거기에는 전교생의 사진과 연락처, 그리고 부모님의 연락처가 적혀 있었다. 어느 학생이 어느 지역에서 왔는지 궁금할 때, 그리고 학기 초반에 서로의 이름이 기억나지 않을 때 전화번호부를 찾아본다. 혹시 전교생 580명의 부모 중한 명은 기업체를 운영하거나 글로벌 기업에 다니시는 분이 계시지 않을까? 나는 전화번호부에서 부모님의 이메일 주소에 집중하며 한 장 한 장 넘기다 놀랄 만한 메일 주소 하나를 발견했다. 바로 @apple.com이었다.

"마크 아버지가 애플에서 무슨 일을 하시지?"

마크 아버지의 이름을 인터넷에 검색하자 너무나 익숙한 얼굴들이 나타났다. 스티브 잡스와 당시 최고운영책임자였던 팀 쿡, 그

◆ 친구 아버지의 이름을 인터넷에 검색하자 너무나 익숙한 얼굴들이 나타났다. 스티브 잡스와 팀 쿡, 그리고 그 옆에 계신 분이 바로 친구의 아버지 필 실러였다.

리고 그 옆에 계신 분이 바로 마크의 아버지 필 실러^{Phil Schiller}였다.

리고 그 옆에 계신 분이 바로 마크의 아버지 필 실러[Phil Schiller]였다. 당시 글로벌 마케팅 총괄 수석 부사장이었던 그는 스티브 잡스가 아이팟, 아이폰, 아이패드 등 애플 제품을 소개할 때마다 키노트에 항상 같이 있던 분이었다. 그 순간 나는 상상하기 시작했다.

"마크 아버지가 학교에 오셨을 때 학생들에게 강연을 해주면 어떨까?"

'

비즈니스 관련 외부 활동을 할 수 없다면 비즈니스를 알려줄 수 있는 분을 초청해서 배워야겠다는 생각이었다. 강의실 연단에서 내가 그분을 소개하는 모습을 상상하며 바로 이메일을 쓰기 시작했다.

"안녕하세요, 저는 마크와 같은 기숙사 층에서 함께 지내고 있는 친구 우태영입니다!"

첫 줄에 적힌 아들의 이름을 보고 끝까지 읽어주길 바라는 마음으로 글을 썼다. 비즈니스에 대해 배우고 싶은데 마땅한 교외 활동을 할 수 없으니 학교로 전문가를 초청해 세미나를 열고 싶다는 내용으로 글을 이어나갔다.

"마침 몇 주 후 학부모 상담 기간인데, 그때 오신다면 1시간 정도만 시간을 내주셔서 저희 학생들에게 좋은 말씀을 해주실 수 있을까요?"

최대한 부담스럽지 않게 쓰려고 노력했다. 메일은 10분 만에 다 썼지만 다시 읽으며 불필요한 내용을 지우는데 30분이나 걸렸다. 조금이라도 읽기 편하게 최대한 간결하게 쓰고 싶었다. 전송 버튼을 누르고 기대에 부푼 마음을 안고, 친구의 기숙사 방으로 달려갔다.

"나 마크 아버지에게 학교에 오셨을 때 강연을 부탁한다고 메일 보냈다!"

소파에 앉으며 그간의 상황을 말하자 친구는 고개를 저으며 부정적인 반응을 보였다.

"스티브 잡스가 돌아가신 지 얼마 안 돼서 지금 온 세상이 애플만 지켜보고 있는데, 과연 그분이 오셔서 고등학생들에게 강의를 해주실 수 있을까? 차라리 빌 게이츠를 부르지 그래."

생각해 보니 맞는 말이었다. 스티브 잡스가 세상을 떠나고 전 세계의 관심이 애플의 미래에 쏠려 있던 시기였다. 아무리 생각해봐도 내가 무례한 부탁을 했다는 생각이 들었다.

그런데 다음 날 아침 메일을 확인하니 마크 아버지의 답장이 와 있었다. 너무나 흔쾌히 강연을 해주시겠다고, 어디로 가야 하는지 알려달라는 메일이었다. 나는 메일 내용을 인쇄해 교장 선생님께 달려가 새로 공사한 도서관 지하 1층 강의실을 사용하고 싶다고 말씀드렸다. 교장 선생님도 놀라시면서 그날 강의실을 예약해 주셨고, 나는 다음 주 전교생 앞에서 세미나 소식을 전했다.

학기 초에 내가 직접 비즈니스 관련 동아리를 만들고자 했을 때 관심을 보였던 친구 10명 정도를 포함해 최소한 30명이라도 참석하면 좋겠다는 마음으로 적극적으로 세미나를 홍보했다. 파워포인트로 포스터를 만들어 학교 복도 곳곳에 붙였고, 전교생이 보는 온라인 게시판에도 글을 올렸다.

세미나 당일, 드디어 필 실러 부사장님이 오셨다. 그분을 모시고 도서관으로 걸어가는데, 갑자기 불안함이 엄습했다. 과연 몇 명이나 왔을까? 10명만 앉아 있으면 너무 부끄러워서 어떻게 하지? 그런 걱정 속에 도서관 정문을 들어섰는데 학부모 몇 분이 입구 근처에 모여 있었고, 지하 1층 강의실로 내려가는 계단 입구에도 사람들이 줄을 서 있었다.

100석 강의실이 너무 비어 보이면 어떡할지 고민했는데, 자리가 꽉 찬 것은 물론이고 옆 계단까지 사람들이 앉아 있었다. 대충 봐도 150명 이상이 모인 듯 보였다. 학생들뿐 아니라 학부모들도 많았다. 교장 선생님과 다른 선생님들 그리고 행정실에서 일하시는 직원 분들도 보였다. 너무나 신기한 광경에 나는 들뜬 마음을 억누르며 연단에서 필 실러 부사장님을 소개했다.

◆ 이날 나는 IT업계의 거물이자 세계 최고 기업의 리더로서 세상을 바꾸고 계셨던 필 실러 부사장님께 대학에서 생물학을 전공하고 어떻게 애플의 마케팅 총괄 책임자가 되셨냐고 물었다. 그는 어떤 공부를 하는지가 커리어에 제한을 주지 않기 때문에 항상 내가 지금 공부하는 것 외에도 호기심을 가지라고 조언해 주셨다.

,

세미나가 끝난 후 학생과 학부모 모두가 연단 아래로 내려와 부사장님과 함께 사진을 찍고 대화를 나눴다. 나는 앞에서 행사를 정리하고 있었는데 입학 때부터 친했던 한 친구가 다가와 나를 안아주었다. IT에 관심이 많았던 모범생 친구는 자신이 꼭 만나고 싶었던 분 중 한 분을 만나게 해주어 너무 고맙다고 말했다. "나의 꿈을 이뤄줘서 고마워"라고 말하던 그 친구의 표정을 지금도 잊을 수 없다.

,

나는 그저 비즈니스와 관련된 교외 활동을 하고 싶었다. 하지만 주변 환경이 열악해 대기업에 다니시는 학부모 한 분께 강연을 부탁드린 것뿐이다. 어찌 보면 단순하게 시작된 일이었다. 하지만 누군가를 초대해 강연을 개최한 작은 이벤트가 다른 누군가에게는 인생이 바뀌는 경험일 수 있다는 사실을 알게 되었다. 내가 만든 1시간의 경험이 어떤 이들에게는 커다란 동기부여를 줄 수 있었다. 강연에서 좋은 내용을 접하는 것을 넘어, 이런 기획이 가지는 또다른 의미를 생각하게 되었다.

내가 원하고 나에게 필요한 것을 꾸준히 찾으며 시도하지 않았다면 전혀 알지 못했을 나의 기획력과 관심사가 수면 위로 올라온 느낌이었다. 그때 나는 스스로에게 질문을 던졌다.

'앞으로 꾸준히 이런 이벤트를 만들어 보면 어떨까?'

'이런 일을 업으로 삼아도 재미있겠는데?'

‘

상상력은 모두에게 주어지는 선물이지만,

실행력은 소수만이 경험하는 특권이다.

상상을 실현하는 것은 누구나 할 수 있다.

다만 ‘나’이기 때문에

가능한 이유를 찾는 사람과

‘나’여서 안 된다는

핑계를 나열하는 사람으로

나뉘질 뿐이다.

04

뉴욕을
'강남스타일'
춤판으로
만들다

나는 코네티컷주의 기숙학교를 졸업하고, 뉴욕대학교^{NYU}에 진
학했다. 시골에서 고등학교를 보냈기에 도시에서 대학 생활을 할
수 있다는 사실이 너무 신났다. 뉴욕에서는 내가 하고 싶은 대외활
동을 마음껏 할 수 있을 거라는 기대감에 부풀어 있었다. 그런데
나의 대학 생활을 춤추는 행사로 시작할 줄은 꿈에도 몰랐다.

”

2012년 여름 전 세계는 '강남스타일'로 들썩이고 있었다. 첫 학
기가 시작한 지 얼마 안 돼 가수 싸이가 미국에서 활동을 시작하면

서 '말춤' 열풍이 미국 전역을 휩쓸었다. 도시 곳곳에서는 사람들이 함께 모여 춤을 추는 플래시몹이 유행했다.

뉴욕대학교는 다른 대학교처럼 캠퍼스가 없다. 맨해튼 남쪽 지역에 건물 여러 개를 매입해 대학교로 운영하고 있었다. 대학교 건물들 중심에는 학교 소유가 아닌 뉴욕시의 공립공원인 워싱턴 스퀘어 파크가 있었다. 학교 건물들이 늘어나 이 공원을 둘러싸다 보니 워싱턴 스퀘어 파크와 그 안에 있는 개선문이 자연스럽게 뉴욕대학교의 상징이 되었다.

나는 '강남스타일' 플래시몹이 유행하는 것을 지켜보면서 뉴욕에서도 플래시몹을 한다면 장소는 고민할 것도 없이 워싱턴 스퀘어 파크라고 생각했다. 그러던 어느 날 친구들과 기숙사 방에 모여 이야기를 나누다 '강남스타일' 플래시몹을 직접 해보자는 의견이 나왔다. 패기와 열정으로 뭉친 새내기 대학생들에게는 무서울 것이 없었다.

페이스북에 '강남스타일 뉴욕 플래시몹'이라는 제목으로 이벤트를 올렸다. 날짜는 다가오는 주말, 장소는 워싱턴 스퀘어 파크로 설정했다. 우리는 10~20명 정도만 모여도 해볼 만하겠다고 이야기하며, 방에서 뮤직비디오를 반복 재생하며 춤을 연습했다.

다음 날 아침, 친구들이 내 기숙사 방으로 달려와 빨리 컴퓨터를 켜보라고 했다. 우리가 전날 재미로 올린 이벤트가 여러 블로그

◆ 뉴욕대학교는 맨해튼 남쪽 지역의 건물을 매입해 대학교로 운영하고 있다. 학교 건물들이 워싱턴 스퀘어 파크와 그 안에 있는 개선문을 둘러싸다 보니 이 공원은 자연스럽게 뉴욕대학교의 상징이 되었다.

와 지역 언론에 소개되었고, 1천 명이 넘는 사람들이 참석 버튼을 누른 것이다. 댓글에는 플래시몹에 참석하기 위해 3시간 거리에서 기차를 타고 오겠다는 사람부터, 친척들을 모두 불러 함께 참여하겠다는 사람까지 있었다. 우리는 그저 신기한 마음으로 갑자기 일이 커져 버린 상황을 그저 지켜볼 수밖에 없었다. 그때 웃을 수 없는 이메일이 도착했다.

뉴욕에서 활동하는 아시안 예술단체의 메일이었다. 우리가 지정한 시간과 장소에 이 단체가 이벤트를 위해 공원 사용 허가를 경찰과 시청에서 이미 받았다는 내용이었다. 50명 이상이 공공장소에 모여 이벤트를 하거나 스피커를 설치해 음악을 재생하려면 사전에 허가를 받아야 한다는 사실을 그때 처음 알았다. 자신들이 이미 허가를 받았으니 플래시몹 진행을 당장 중단하라는 통보였다.

허가를 받아야 하는지도, 아시안 단체의 공연 일정도 몰랐던 우리는 실시간으로 늘어나는 참석자 숫자와 취재 요청에 어떻게 대응해야 할지 몰라 난감했다. 이제 갓 입학한 신입생들이다 보니 다른 단체는 물론이고 뉴욕 경찰NYPD과 문제를 일으키고 싶은 마음이 전혀 없었다. 결국 우리는 행사를 취소하는 쪽으로 의견을 모으고 있었다.

우리가 한창 고민하고 있을 때 예술단체에서 보낸 두 번째 메일이 도착했다. 그들은 첫 메일을 보낸 후 우리의 이벤트를 자세히 살펴보고 한국인 대학생들이 진행하는 행사라는 것을 알게 되었다고 했다. 학생들이 재미로 일을 벌였는데 사람들이 너무 많은 관심을 쏟고 있으니 취소하기보다 진행할 수 있는 방법을 찾아보자며 우리를 사무실로 초대했다.

일단 내 이름으로 이벤트를 만들었기에 내가 대표로 그 단체를 방문했다. 감사하게도 그 단체에서 리더 역할을 하던 한인 예술가한 분이 우리의 플래시몹까지 자신들의 행사 일부로 넣어 진행해보자고 제안했다.

플래시몹 이벤트를 진행할 수 있게 되어서 다행이었지만, 일은점점 더 커지고 있었다. 한국의 공중파 방송국뿐만 아니라 미국 유명 엔터테인먼트 미디어에서도 취재 요청이 들어왔다. 뉴욕에서활동하는 유명 댄스팀도 참여할 수 있느냐고 문의를 해왔다. 많은미디어에서 촬영과 인터뷰 요청을 하자 나는 이왕이면 제대로 플래시몹을 해보고 싶다는 생각이 들었다. 선두에서 직접 춤을 출 동기들 약 20명을 모으고 댄스 강사를 섭외해 1일 안무 수업을 진행했다.

타임스퀘어 근처에 위치한 댄스 스튜디오에 모여 친구들이 안무를 배우고 있을 때 나는 구석에 앉아 지금까지의 상황을 복기해보았다. 웃자고 만든 일이 어떻게 이렇게 커졌을까?

,

　플래시몹 당일 워싱턴 스퀘어 파크는 엄청나게 많은 사람들로 북적거렸다. 나는 페이스북 이벤트 페이지를 통해 실시간으로 위치와 시간을 알려주었다. 그런데 갑자기 우리가 예고했던 3시에는 전체 행사를 마감해야 하기 때문에 늦어도 10분 전인 2시 50분에 행사를 진행해야 한다는 연락을 받았다. 플래시몹을 시작하기로 한 3시에 맞춰 멀리서 오는 사람들도 있었지만 허가에 위반되지 않기 위해서는 어쩔 수 없었다. 2시 50분이 되자 나는 대형 스피커에 노트북을 연결하고 볼륨을 올렸다. 재생 버튼을 누르고 '강남스타일'의 도입부가 울려 퍼지자 사람들은 환호하며 공원 중앙으로 모여들었다.

　지금도 나는 '강남스타일'의 3분 39초가 어떻게 지나갔는지 기억이 잘 나지 않는다. 하지만 공원에 모여 있던 모두가 말춤을 추며 즐거워하고, 처음 보는 사람들끼리 짝을 지어 춤을 추고, 끝나고 나서 환호하며 하이파이브를 주고받는 모습은 평생 잊지 못할 추억으로 남아 있다.

　행사가 끝나자 옆에서 촬영하던 KBS PD와 인터뷰를 진행했고, 이어서 멕시코 방송국과도 인터뷰를 했다. 허핑턴포스트Huffington Post와 할리우드 리포터Hollywood Reporter에서 현장의 모습을 촬영했

◆ '강남스타일'이 공원에 울려 퍼지자 모여 있던 모두가 뛰어나와 말춤을 추며 즐거워했고, 끝나고 나서 환호하며 하이파이브를 주고받았다.

고, 한 번 더 하고 싶다는 외침이 공원을 가득 메웠다. 하지만 나를 쳐다보며 자신의 손목을 가리키던 NYPD 경찰관과 눈이 마주치자 나는 고개를 끄덕이고 빠르게 노트북을 가방에 넣었다. 아시안 예술단체에서 스피커 시스템 정리 등 마무리를 해주겠다고 하시기에 나는 서둘러 짐을 정리하고 도로로 나가 손을 흔들며 노란 택시를 잡아탔다.

,

그날 저녁 '강남스타일' 플래시몹을 만들어 보자고 공모했던(?) 친구들과 한인타운의 식당에 모여 식사를 했다. 그 누구도 무슨 일이 일어났는지 실감을 하지 못했다. "어떻게 일주일 전에 농담으로 던진 이야기가 이렇게 현실이 될 수가 있지?"라며 서로 신기해했다. 상상했던 그 이상의 경험이었고, 내가 머릿속으로 그렸던 그림이 실제로 재현된 것은 처음이었다. 뉴욕의 상징적인 공원 중앙에 수백 명이 모여, 한국 노래에 맞춰 춤추고 즐거운 시간을 보내는 상상 말이다.

고등학생 때 필 실러 부사장님을 강연에 모시며 누군가를 초청하는 것에 대한 두려움이 사라졌다. 그리고 플래시몹을 통해서는 내가 상상했던 그림을 현실화할 수 있다는 확신과 자신감을 얻었다. 이후 진행했던 모든 일들은 당시의 두 경험에서 얻은 자신감에

세상을 공부하다

서 비롯되었다.

상상력은 모두에게 주어지는 선물이지만, 실행력은 소수만이
경험하는 특권이다. 상상을 실현하는 것은 누구나 할 수 있다. 다
만 '나'이기 때문에 가능한 이유를 찾는 사람과 '나'여서 안 된다는
핑계를 나열하는 사람으로 나눠질 뿐이다.

'

열정이 있다고 추진하는 모든 일이
성공하는 것은 절대 아니다.
하지만 무언가를 만들어 내고자 하는
의지와 열정조차 없었다면
나는 처음 경호원의 제지를 받았을 때
포기했거나
애초에 비행기를 타지 않았을 것이다.

05

가장 노력했던
섭외는
실패했지만

2015년 여름, 대학교 3학년이던 나는 뉴욕에서 열리는 한인 대학생 컨퍼런스 기획을 제안받았다. 1987년 프린스턴대학교에서 처음 시작한 재미한인대학생컨퍼런스Korean American Students Conference, KASCON는 미국의 각 지역 대학교에서 돌아가며 매해 열렸는데, 2013년 이후 아쉽게도 중단되었다.

지금처럼 인터넷과 SNS로 활발하게 교류할 수 없었던 1990년대와 2000년대 미국 내 한인 대학생들에게는 너무나 의미 있는 행사였기 때문에, 이 컨퍼런스가 중단된 것이 아쉬웠던 한 선배가 나를 찾아왔다. 당시 나는 '강남스타일' 플래시몹을 시작으로 서울과 뉴욕에서 다양한 강연 기획을 하고 있었다. 중단된 컨퍼런스를 되살릴 수 있는 적임자로 나를 생각했다는 말에 나는 전에 느끼지 못했던 사명감을 가지고 본격적으로 준비를 시작했다.

30년 역사를 자랑하는 행사였지만 마지막 개최 이후 4년이 지났으니 이 컨퍼런스를 아는 재학생들이 거의 없었다. 그래서 나는 과거 인지도에 기대지 말고 완전히 새로운 행사를 만든다는 생각으로 접근했다. 미국 전역의 대학생들을 참석하게 하려면 화려한 연사 명단은 필수라고 생각했다. 나는 당시에 가장 인지도가 높은 한인 리더들 혹은 한인들이 이끄는 브랜드를 찾아보았다.

결론부터 이야기하면 행사 자체는 성공적이었다. 컨퍼런스는 당시 세계은행 김용 총재님의 인사말로 시작했다. 그리고 내가 개인적으로 존경하는 멘토인 지영석 엘스비어 회장님(전 랜덤하우스 사장)과 미국 ABC 뉴스 간판 앵커 주주 창Juju Chang이 오프닝 연사로 함께했다. 2일 동안 진행된 다양한 워크숍에는 IT회사 대표, 패션 브랜드 디렉터, 영화감독, 금융회사 임원, 이민법 전문 변호사 등 한인 대학생들에게 동기부여와 실질적인 조언을 해줄 수 있는 리더들이 대거 참석했다.

마지막 날에는 데니스 홍 UCLA 로봇공학 교수님과 오준 유엔 대사님께서 연사로 함께해 주셨다. 공연으로 컨퍼런스를 마무리해 온 전통을 이어가기 위해 나는 할리우드 배우로 성공한 래퍼 아쿠

◆ 2016년 3월, 제27회 재미한인대학생컨퍼런스(KASCON 27)가 뉴욕에서 성공리에 개최되었다.

아피나, 가수 메건 리, 그리고 동갑내기 친구 로이킴을 섭외했다.

그리고 2016년 3월 미국 전역 36개 대학에 재학 중인 약 300명의 한인 대학생들이 뉴욕에 모여 컨퍼런스에 참석했다. 성공적으로 부활된 KASCON은 이후에도 매년 다른 대학에서 진행되고 있다.

,

화려한 라인업을 자랑하는 행사를 성공적으로 마쳤지만, 나에게는 아직까지 실패한 섭외가 기억에 남는다. 소셜미디어와 IT 기술이 엄청난 속도로 성장하던 때이다 보니 나는 꼭 실리콘밸리의 한인 리더를 섭외하고 싶었다. 당시에 큰 인기를 얻고 있던 스마트 워치 브랜드 '핏빗Fitbit'의 창업자이자 대표가 한국계 미국인인 제임스 박James Park이라는 것을 알게 되었다. 아무리 검색해도 대표의 연락처를 찾지 못해 고민하던 중 샌프란시스코 최대 규모의 스타트업 컨퍼런스에 그분이 연사로 참석한다는 소식을 접했다.

하지만 입장료만 300만 원이 넘는 컨퍼런스이다 보니 자비로 갈 수가 없었다. 나는 주최 측에 대학생이라 돈이 없지만, 행사에 대한 홍보도 열심히 해줄 수 있고 현장에서 스태프로 일을 도울 테니 참석하게 해달라고 문의했다. 재학증명서까지 보내면서 여러 차례 설득한 끝에 주최 측은 100달러(약 10만 원)만 내고 행사에 참석할 수 있게 해주었다. 나는 이메일을 받자마자 가장 저렴한 샌프란시스코행 비행기 표를 결제했다.

,

행사장에 도착했지만 내가 받은 티켓은 가장 낮은 등급이어서 실리콘밸리의 유명 CEO들이 연설하는 공간에는 들어가지 못했다. VIP로 행사에 참석한 제임스 박 대표는 나와 마주칠 수 없는 동선으로 움직일 터였다. 하지만 무슨 수를 써서라도 직접 만나서 인사하고 연락처를 받아야겠다는 의지로 어마어마하게 큰 행사장을 돌아다녔다.

VIP들이 사용하는 공간은 일반 사람들이 출입할 수 없도록 막아두었다. 강연 무대 옆에 VIP 주차장으로 연결되는 통로가 있다는 것을 발견하고 나는 그 통로를 막는 금지선 바로 옆 바닥에 앉았다. 통로를 지키던 경호원이 여기 있으면 안 된다고 나가라고 했다. 하지만 나는 금지선 바로 옆이니 문제 될 것 없지 않냐고 버텼다. 내가 앉은 구역은 일반 티켓 소지자도 다닐 수 있었으니 경호원도 딱히 할 말이 없다는 표정으로 나를 계속 지켜봤다.

그 자리에 2시간을 넘게 앉아 있는 것이 의아했는지 경호원이 이유를 물었다. 나는 뉴욕에서 온 대학생인데 연사 중 한 분을 내가 기획하는 행사에 꼭 모시고 싶다고 말했다. 경호원은 "어차피 여기 있어도 만날 수 없다"며 다시 자리로 돌아갔다.

    3시간을 그 자리에 앉아 있었는데, 드디어 제임스 박 대표가 연설을 마치고 주차장 쪽으로 걸어 나왔다. 그 순간 몇 시간 동안 나를 쫓아내려 했던 경호원과 눈이 마주쳤다. 경호원이 박 대표에게 다가가 "당신이 제임스인가요?"라고 물어보고는 저기 학생이 당신을 만나려고 3시간을 기다렸다며 나를 가리켰다. 무뚝뚝한 경호원의 도움으로 나는 제임스 박 대표와 인사를 나누고 연락처까지 받을 수 있었다. 그가 행사장을 나갔을 때 경호원은 나를 보고 씩 웃으며 엄지를 치켜세웠다.

세상을 공부하다

,

　하지만 아쉽게도 기획하던 KASCON에 제임스 박 대표를 모시지는 못했다. 샌프란시스코에서 뉴욕은 서울에서 싱가포르 정도의 거리다. 당시 IT 업계에서 가장 주목받는 기업의 CEO가 학생들의 행사를 위해 왕복 13시간의 비행을 할애하기는 쉽지 않았다. 하지만 아무런 연결고리가 없었던 내가 그저 한 사람을 만나기 위해 6시간 동안 비행기를 타고 샌프란시스코까지 날아가 주차장 출입구 옆에서 3시간 넘게 앉아 있었던 그날의 경험에서, 어떤 일이든 방법을 찾으면 기회가 생긴다는 교훈을 얻었다.

　열정이 있다고 추진하는 모든 일이 성공하는 것은 절대 아니다. 연사 한 명을 섭외하기 위해 대륙 반대편으로 날아간 나는 실패할 수 없을 듯한 열정과 추진력을 가졌음에도 불구하고 결국 성공하지 못했다. 하지만 무언가를 만들어 내고자 하는 의지와 열정조차 없었다면 나는 처음 경호원의 제지를 받았을 때 포기했거나 애초에 비행기를 타지 않았을 것이다. 그리고 그 의지와 열정을 통해 나는 더 큰 세상을 볼 수 있었다.

Part 2

세상을
소개하다

＇

안녕하세요.

한국에서 출판사를 운영하고 있는

우태영입니다.

게리의 오랜 팬이기도 하고,

한국에서 게리를 더 많이

알리고 싶습니다.

곧 출간 예정인 게리의 신간을

한국어로 번역 출간하고 싶은데,

누구에게 연락하고

어떻게 진행해야 할까요?

01

유튜브 광고를 보고
사업을 결심했다고?

나는 유튜브 영상 하나로 내 인생이 완전히 바뀔 것이라고는 상상하지 못했다. 그것도 항상 '건너뛰기' 버튼을 눌렀던 광고 영상에서 말이다.

,

2016년, 그날도 나는 유튜브 영상을 보기 위해 광고를 보며 '건너뛰기' 버튼이 나오기를 기다리고 있었다. 광고는 보통 5초 안에 시청자의 관심을 사로잡아야 하는데, 이때 화려한 배경의 상품 광고가 아니라 한 남자가 강의실 앞에 앉아서 이야기하는 모습이 나

왔다. '이것도 광고인가?'라고 생각하는 순간, 그 남자의 첫 마디가
내 눈과 귀를 사로잡았다.

"Let's start with this. I fully, 100,000% do not believe that you can
teach entrepreneurship.(이것부터 시작하죠. 나는 절대 교육을 통해 기업
가 정신을 가르칠 수 없다고 믿어요.)"

그는 살짝 웃으며 한마디 결정타를 날렸다.

"So, that's awkward.(여기서 이렇게 말하니 조금 불편하네.)"

미국에서 가장 유명한 대학 중 하나인 USC(서던캘리포니아대학
교)에서, 아마도 창업 관련 특강을 하는 모습인 듯했다. 교실에서
는 절대 기업가 정신을 배울 수 없다고 말하는 그에게서 눈을 뗄

세상을 공부하다

수 없었다. '건너뛰기' 버튼에 마우스 커서를 대고 있었지만, 나는 누르지 못하고 몇 초 동안 더 지켜보았다. 그러다 자연스럽게 마우스 커서를 스크린 옆으로 옮긴 나는 45분짜리 광고 영상을 끝까지 시청했다.

,

영상 속 주인공은 바로 게리 베이너척^{Gary Vaynerchuk}이었다. 그는 구 소련의 공화국 중 하나였던 벨라루스에서 태어나 세 살 때 미국으로 이민을 왔고, 작은 단칸방에서 친척 8명과 함께 생활을 했다. 그의 아버지는 뉴저지의 와인 가게에서 일했는데, 10년 넘게 성실히 일한 덕분에 그 가게를 인수받았다. 사장이 된 아버지는 열네 살 된 아들을 가게에서 일하게 했고, 아들은 그렇게 장사의 세계에 눈을 뜨게 되었다.

성인이 된 그는 인터넷 연결음을 듣고 디지털 세상의 미래를 보았다. 그리고 미국의 첫 인터넷 와인 판매 홈페이지를 만들었다. 그는 아버지의 작은 가게 '와인 라이브러리^{Wine Library}'를 연 매출 6천만 달러(약 730억 원)의 미국 최대 규모 온라인 와인 브랜드로 키웠다. 그 후 설립한 디지털 에이전시 베이너미디어^{VaynerMedia}를 연 매출 수천억 원 규모의 글로벌 기업으로 키웠다.

그는 당시 빠르게 성장하는 디지털 기업들에 투자하기도 했는데, 그의 포트폴리오에는 페이스북, 트위터, 우버, 스냅챗 등이 있었다. 개인 자산이 수천억 원에 이르는 것으로 추정되는 그는 세 권의 책을 집필했고 모두 뉴욕타임스 베스트셀러 순위에 올랐다.

수많은 사람들이 꿈꾸는 그 이상의 부와 성공을 얻은 그는 영상에서 청바지와 후드티를 입고 (적절한) 욕설을 섞어가며 대학생들에게 "너희가 배우려고 등록한 이 주제는 절대 학교에서 가르칠 수 없는 내용이야"라며 직설적으로 말하고 있었다.

'

창업에 관심이 많았던 나는, 원래 보려고 했던 영상은 이미 까맣게 잊은 채 게리의 영상들을 찾아보기 시작했다. 창업뿐만 아니라 성공, 행복, 나다움에 대해 이야기하는 모든 내용이 너무나도 와 닿았다. 엄청난 에너지를 전달하는 그의 이야기에 빠져든 나는 최대한 많은 지인들에게 공유하고 싶었다. 특히 그의 이야기가 한국에 전해지면 직장인부터 학생, 그리고 학부모에게 큰 자극(혹은 충격)을 줄 것이 분명했다.

미국 친구들에게는 그의 영상과 인터뷰를 쉽게 공유할 수 있었다. 하지만 한국어로 된 그에 대한 내용은 거의 찾을 수 없었다. 서울에 사는 친구가 "네이버에 검색해도 게리 베이너척에 대한 내용이 안 뜬다"라고 했을 때 나는 설마 했다. 그의 책이 한국어로 번역 출간되어 있었지만, 그를 소개하는 글은 찾기 어려웠다. 한국어판 저자명에 그의 성 'Vaynerchuk'이 '베이너척'이 아닌 '바이너척'으로 잘못 표기되어 있었기 때문이다. 기존의 책 기록 때문에 나도 어쩔 수 없이 '바이너척'이라고 쓰고 있지만, 항상 마음 한편이 불편하다.

영어로 콘텐츠를 소비하고, 마케팅과 미디어에 관심이 많은 스타트업 지인들 외에는 그를 아는 사람이 거의 없었다. 나는 팬의 마음으로 그의 인사이트를 전달하고, 그의 메시지를 한국에 널리 알리고 싶었다. 무엇보다 나는 그를 직접 만나 대화를 나눠보고 싶었다.

,

그러던 어느 날 학교에서 약 20분 거리에 있는 서점에서 그의 책 출간 기념 사인회가 열린다는 소식을 들었다. 나는 학교 수업도 빼먹고 바로 급행 지하철을 타고 달려가 책을 사서 사인을 받기 위해 기다렸다. 나와 비슷한 또래의 수많은 청년들과 함께 줄을 서서 약 1시간을 기다린 끝에 책에 사인을 받고 사진 한 장을 같이 찍을 수 있었다. 사인회이다 보니 의미 있는 대화를 나누지 못해 아쉬웠지만 서점에서 나오는 순간 나는 생각했다.

'언제가 될지 모르지만, 나중에 저 사람과 함께 일하고 싶다!'

그리고 1년이 지난 2017년 가을, 그가 유튜브를 통해 자신의 다

◆ 게리의 신간 출간 기념 사인회에서 책에 사인을 받고 함께 사진을 찍었다.

세상을 공부하다

섯 번째 책을 준비하고 있다는 소식을 전했다. 그 순간 그를 한국에 제대로 소개할 수 있는 가장 좋은 방법을 생각해 냈다.

'내가 그의 책을 한국어로 번역 출간하면 되겠네!'

,

출판 경험은커녕 출판사 사무실에도 들어가 본 적 없던 내가 책 출간을 해보겠다고 결심했다. 내 생애 첫 1인 출판사 설립은 이렇게 시작됐다. '맨땅에 헤딩'이라는 말은 이럴 때 쓰는 것일까? 나는 백지 상태에서 하나하나 준비해 나갔다.

아무런 경험이 없는 새로운 일을 시작할 때는, 일단 핵심부터 파악해야 한다. 이미 미국에서 책 출간이 예정되어 있고, 이를 내가 한국에서 번역 출간하려면 판권(라이선스)을 사야 한다. 판권을 어떻게 사는지, 누구에게 물어봐야 하는지는 당연히 몰랐다. 인터넷을 통해 판권 관련 내용을 열심히 찾아봤지만, 내가 원하는 답을 명확하게 알려주는 사이트는 없었다. 그러다 머릿속에 너무나 단순한 해결책이 생각났다.

'게리한테 직접 물어보면 주위의 직원들이 알려주지 않을까?'

소셜미디어에서 워낙 활발하게 활동하고 팬들과 직접 소통하기를 좋아하는 게리는 자신의 이메일 주소를 여기저기 공개했다. 그의 개인 브랜딩 팀도 팬들의 피드백과 새로운 콘텐츠 아이디어를 모으기 위해 이메일 주소를 공개했다. 나는 게리의 이메일 주소를 '받는 이'에 넣고, 그와 가장 가까이 일하는 직원 3명의 이메일 주소를 '참조'에 넣어서 보냈다. 내용은 간단했다.

'안녕하세요. 한국에서 출판사를 운영하고 있는 우태영입니다. 게리의 오랜 팬이기도 하고, 한국에서 게리를 더 많이 알리고 싶습니다. 곧 출간 예정인 게리의 신간을 한국어로 번역 출간하고 싶은데, 누구에게 연락하고 어떻게 진행해야 할까요?'

물론 그 당시 출판사는 없었다. 출판사 이름조차 생각해 두지 않았다. 베스트셀러 저자이니 자본이 많은 대형 출판사가 큰돈을 제시하고 판권을 사버리면 나는 아무것도 할 수 없었다. 하지만 한번 시도는 해봐야겠다는 생각에 직접 메일로 문의한 것이다. 그리고 다음 날 아침 신기하게도 답변이 와 있었다.

'연락해 주셔서 감사합니다. 게리의 콘텐츠를 알리는 데 힘써주시니 반갑네요. 책 라이선스 관련해 안내할 출판 담당자와 콘텐츠 번역 관련 내용을 안내할 직원의 연락처입니다. 연락하시면 필요하신 정보를 제공할 것입니다.'

'

이메일 참조란에는 게리의 책을 출간할 예정인 하퍼콜린스 HarperCollins의 임원 메일 주소가 있었다. 하퍼콜린스는 세계 5대 출판사 중 하나이다. 내가 그에게 메일을 어떻게 쓸지 고민하고 있을 때 그 임원은 여러 문서가 첨부된 이메일을 나에게 보냈다. 또 내가 보낸 메일을 한국의 출판 에이전시에게 이미 전달했다는 소식도 포함되어 있었다.

유튜브 광고 영상 하나로 처음 만난 사업가와 비즈니스 파트너가 되는 여정은 이렇게 시작되었다.

6

나의 1인 출판사가

세계 최고의 소셜 마케터이자

뉴욕타임스 베스트셀러 저자인

게리 바이너척의 신간 《Crushing It》을

한국에서 출간할 수 있게 되었다.

02

1인 출판사
첫 책이
뉴욕타임스
베스트셀러 1위

———

　한국의 출판 에이전시에게서 출판사 사업자등록증을 보내달라고 요청받았다. 문제는 그때까지 출판사가 없었다는 것이다. 일단 나는 에이전시에 판권 확보에 필요한 절차를 요청했다. 그리고 라이선스를 구입하는데 필요한 로열티 금액과 계약 조건 등을 안내받았다. 이제는 출판사가 없으면 더 이상 진행할 수 없는 상황이었다. 최대한 빠른 시간 안에 출판사를 설립해야 했다. 나는 한국의 주소지 관할 구청과 세무서에 연락해 사무실 임대차계약서와 신분증만 있으면 출판사 등록이 가능하다는 사실을 확인했다.

　다행히 연말에 가족들과 시간을 보내려고 잠시 한국에 들어와 있을 때였다. 이전에 강연 기획을 위해 설립했던 회사 이름에 '북스'라는 단어만 붙여 일단 출판사 등록을 했다. 이렇게 책을 만들 수 있는 첫걸음을 떼었고, 나는 필요한 자료를 에이전시에 모두 전달했다.

하지만 게리가 아무리 국내에서 인지도가 낮다 하더라도, 그의 소셜미디어 인기와 뉴욕타임스 베스트셀러 저자라는 타이틀 덕분에 국내 다른 출판사들도 관심을 보였다. 판권을 구매하기 위해 다른 출판사들과 경쟁을 해야 하는 상황인 것이다. 조건을 수정하고 다시 제시하기를 여러 차례 반복한 끝에 에이전시는 내가 마지막으로 제시한 조건으로 최종 결정될 것 같다고 전해왔다.

한 달쯤 지나 판권 확보 절차가 마무리되었다. 나의 1인 출판사가 세계 최고의 소셜 마케터이자 뉴욕타임스 베스트셀러 저자인 게리 바이너척의 신간 《크러싱 잇Crushing It》을 한국에서 출간할 수 있게 된 것이다.

,

판권 확보라는 큰 산을 넘었지만, 이제부터 본격적인 출판 작업이 기다리고 있었다. 번역은 물론이고 편집, 디자인, 인쇄, 유통까지 쉽지 않은 작업이다. 책 판권 구매는 나 혼자 해외 출판사와 에이전시와 직접 소통하며 협상하고 계약을 진행할 수 있다. 하지

세상을 공부하다

◆ 한 달에 걸친 판권 확보 절차를 마무리하고, 나는 세계 최고의 소셜 마케터이자 뉴욕타임스 베스트셀러 저자인 게리 바이너척의 신간《Crushing It》을 출간할 수 있게 되었다.

만 책 출판 과정은 전문가의 도움 없이는 불가능했다.

그리고 아무리 한국어로 소통하고 글을 쓰는 데 어려움이 없다고 해도, 초등학교부터 대학교까지 거의 20년을 미국에서 살아온 내가 책 한 권을 번역하는 데에는 한계가 있었다. 두 언어로 편하게 소통하는 것과 글을 번역하는 것은 전혀 다른 영역이다. 특히 번역은 전문적인 지식과 훈련이 필요한 작업이다. 나는 망설이지 않고 전문 번역가를 찾았고, 다행히 홍보 컨설팅 및 개인 브랜딩 경험이 많은 번역가와 함께 작업할 수 있었다.

한국어와 영어를 웬만큼 할 수 있으니, 번역이 잘되었는지는 어느 정도 판단할 수 있었다. 하지만 번역 이후의 작업에 대한 고민은 더욱 깊어갔다. 편집과 디자인은 개인적인 감으로 판단하기 어려웠고, 인쇄와 유통은 전혀 모르는 분야였다.

,

그때 몇 년 전부터 알고 지내던 동생이 SNS에 책을 홍보하는 글을 보게 되었다.

'아! 이 친구 아버지가 출판사를 운영하시지?'

바로 그 친구에게 만나고 싶다고 연락을 했다. 직접적인 도움을 받지 못하더라도, 편집부터 인쇄 그리고 유통까지 출판의 전 과정에 대해 조금이나마 조언을 얻고 싶었다.

세상을 공부하다

그 친구는 대학 졸업 후 일반 회사에 취직하지 않고 아버지의 출판사에서 일하며 마케팅을 담당하고 있었다. 20년 이상 책을 만들며, 2016년에 '천그루숲'이라는 출판사를 새로 설립해 운영하고 계신 백광옥 대표님을 함께 만나 책 출판에 대한 전반적인 이야기를 들을 수 있었다.

나는 게리 바이너척을 소개하며, 책 판권을 구한 과정과 한국 독자들에게 큰 도움을 줄 것 같다는 의견을 전했다. 책에 관심을 보이는 대표님을 보며 스위치가 켜지는 듯한 느낌이 들었고, 나는 아예 제안을 던졌다.

"대표님, 이 책을 함께 출간해 보는 것은 어떨까요?"

공동 저자 2명이 함께 책을 집필하는 경우는 많지만, 출판사 두 곳이 함께 한 권의 책을 출간하는 경우는 흔치 않은 일이다. 하지만 나는 도움이 절실했다. 천그루숲은 원고 편집, 표지 디자인, 인쇄, 유통 등 실제 책이 나오기까지 내가 부족한 부분들을 완벽하게 채워줄 수 있을 거라고 생각했다.

감사하게도 협업 경험이 많으신 대표님께서 책에 대한 가능성과 나의 열정을 믿고 제안을 받아주셨다. 나에게는 책 출간 이상의 경험과 배움을 얻을 수 있는 기회였다. 또 지금까지 국내 저자의 책만 출간해 온 천그루숲은 처음으로 해외 저자의 책을 출간하게 되었다.

,

　번역이 완료되자 나는 번역본 전체를 인쇄한 후 빨간펜을 들고 한 장 한 장 넘겨가며 수정할 부분들을 체크했다. 이 과정에서 가장 어려웠던 부분은 외국인 저자가 쓴 내용이 국내의 상황에 맞게 잘 전달될 수 있도록 내용을 파악하고 수정하는 일이었다. 나는 영어 원서와 한국어 번역본을 번갈아 읽으며 저자가 전달하고자 하는 톤tone과 느낌이 적절하게 표현되었는지 확인하고 또 확인했다.

　표지와 본문 디자인도 전문가에게 맡겼다. 책 디자인 하면 흔히 표지만을 생각하지만, 독자들이 편히 읽을 수 있도록 가독성이 좋은 본문 디자인 또한 중요하다. 그리고 이번 책 출간을 통해 우리나라에 게리 바이너척의 이름과 얼굴을 대중적으로 알리기 위해 표지에 게리의 자연스러운 모습을 보여주는 사진을 넣고, 그의 전문성을 강조하는 문구로 채웠다.

,

　책 한 권이 만들어지는 과정을 직접 경험하며 얼마나 많은 사람들의 전문성이 모여서 하나의 책이 출간되는지를 알게 되었다. 번역, 편집, 디자인까지 완성한 다음 인쇄와 제본을 거쳐 실제 책이 출간되었을 때의 기억은 지금도 생생하게 남아 있다.

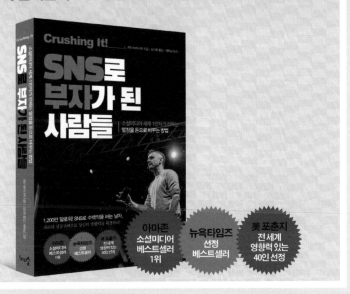

◆ 게리 바이너척의 신간《크러싱 잇》의 표지에는 게리를 잘 알리고자 그의 사진을 커다랗게 넣었고, 메인 카피에는 그의 전문성을 드러내는 문구를 강조해 넣었다.

'

오랜 시간 서점에서 번역 출간된

도서를 보다 보니

한국어로 정보를 접한다는 이유만으로

우리나라 사람들은 이미 10년이나

뒤처진 정보를 접하고 있었다.

넓은 세상에서 소개되는 다양하고

값진 이야기를 한국에 빠르게 소개하고

싶은 욕심이 생겼다.

03

바다를 건너는데 걸리는 시간을 줄여보자

─────

《크러싱 잇》의 제목을 정할 때 나는 아이디어를 얻기 위해 여러 서점을 다니며 매대에 놓인 책들을 살펴보았다. 책 제목들을 어느 정도 살펴본 후 베스트셀러 도서들이 진열되어 있는 위치에서 한 발짝 떨어져 책을 고르는 고객들을 유심히 지켜보았다. 성별과 연령대를 파악하고, 그들이 어떤 책을 선택하고 펼쳐서 읽는지, 그 책에 대해 어떤 이야기를 하는지 들으려고 노력했다.

,

그러다 베스트셀러 코너에서 우연히 한 권의 책을 접했다. 자기계발 분야의 대가로 인정받는 팀 페리스Tim Ferriss의 책이었다. 오랫동안 국내 종합 베스트셀러 순위에 올라 있었는데, 어떤 이유로 사람들이 이 책을 선택하는지 궁금했다(물론 제목만으로 관심을 끌기에는 충분했지만). 서점에 서서 천천히 책을 읽다 보니 내가 초등학생 때 미국에서 유행했던 인터넷 사이트와 블로그 플랫폼들이 여러 번 언급되어 있었다.

'지금 아무도 안 쓰는 플랫폼을 왜 추천하는 거지?'

'대체 이 책이 언제 나온 거지?'

스마트폰을 꺼내 책의 원서 제목을 검색해 보니 원서가 미국에서 처음 출간된 해가 2007년이었다. 내가 중학생 때 출간된 책이니 당연히 그 시절 유행하던 플랫폼의 이름들이 나온 것이다. 한국어판은 언제 나왔는지 발행일을 확인해 보니 2017년이었다. 원서의 출간연도와 한국어판의 출간연도가 무려 10년이나 차이가 났다. 한국어로 정보를 접한다는 이유만으로 우리나라 사람들은 이미 10년이나 뒤처진 정보를 접하고 있었다.

그 옆에 있던 또 다른 베스트셀러를 살펴보았다. 유발 하라리 교수의 책이었는데, 히브리어로는 2011년에 나왔고, 영어판은 2014년에 출간되었다. 한국에는 2015년 말에야 번역 출간되었다. 팀 페리스의 책보다는 빨리 나왔지만, 여전히 언어의 거리가 존재하는 것은 확실했다.

,

　나는 《크러싱 잇》을 출간한 후, 앞으로의 출판에 대해 특별한 계획이 없었다. 게리의 책을 출간하고, 게리에게 연락해 그가 전하는 메시지에 대한 나의 진정성을 보여주고, 그의 회사에 입사해 함께 일하거나 파트너가 되고 싶었다. 하지만 그날 오랜 시간 서점에서 번역 출간된 도서를 보며 넓은 세상에서 소개되는 다양하고 값진 이야기를 한국에 빠르게 소개하고 싶은 욕심이 생겼다.

　이때부터 나는 매주 뉴욕타임스와 아마존의 베스트셀러 순위를 확인했다. 소수의 특이한 현상을 제외하고, 베스트셀러 순위는 그 시대의 사회상을 보여주는 좋은 지표이다. 세상에 대해 더 배우고 싶다면 우리나라에서 출간되는 책뿐만 아니라 세상 사람들이 읽고 있는 책에 관심을 가져야 한다. 이렇게 결심하고 나니 나의 출판에 대한 행보가 더 넓어지고 빨라졌다.

'

나는 첫 장을 읽기 시작한 밤 10시경부터

'채리티: 워터'와 스캇 해리슨의

이야기에 빠져들어

태블릿에서 눈을 떼지 못하고,

밤을 새우며 끝까지 읽어 내려갔다.

04

우물을 파는 자선사업가를 만나다

《크러싱 잇》의 추천사를 써주신 분 중 매튜 샴파인Matt Shampine 대표는 현재 우리나라에서 '동네'라는 부동산 스타트업을 운영하고 있다. 우리의 인연은 그가 뉴욕의 공유 오피스 브랜드 위워크WeWork 소속이었을 때부터 이어진다. 당시 위워크는 한국에 진출하기 전이었고, 아직 대학생이던 나는 위워크 초기 멤버였던 매튜 덕분에 본사에 여러 번 방문하기도 했다.

《크러싱 잇》 출간을 준비하던 시기에 매튜는 위워크코리아의 지사장을 맡고 있었다. 국내 많은 스타트업 종사자 분들에게 게리의 이야기를 소개하면 좋을 것 같아 매튜에게 추천사를 부탁했다.

,

    책 출간 후 감사의 마음을 담아 책을 선물하며 한남동의 식당에서 점심식사를 함께했다. 출간 과정부터 스타트업계 동향 등 다양한 이야기를 주고받다 매튜가 다음 책으로 소개해 주고 싶은 책이 있다고 했다. 그는 '채리티: 워터charity：water'라는 자선단체에 기부하고 있었는데, 그 단체의 대표가 자신의 삶과 재단에 대한 이야기를 담은 책을 출간했다고 알려줬다. 너무나 유별나고 감동적인 스캇 해리슨Scott Harrison의 이야기를 한국에 꼭 소개하고 싶은데, 내가 한국에서 출간하고자 한다면 스캇과 직접 연결해 주고 최대한 도움을 주겠다고 제안했다.

    '자선' '비영리재단'에 대한 이야기가 과연 우리나라 사람들의 관심을 끌 수 있을지 의아했다. 뉴욕에서 생활할 때 채리티: 워터의 존재는 알고 있었지만, 그 재단의 배경과 대표의 이야기는 접한 적이 없었다. 마음속으로 한국에서 출간하기는 어려울 것 같다고 생각했지만, 매튜가 적극 추천해 준 책이니 일단 책을 구해서 읽어 보기로 했다.

    국내에서 원서를 구하지 못해 아마존에서 전자책을 구입했다. 그때가 2019년 5월경이었던 것으로 기억한다. 나는 첫 장을 읽기 시작한 밤 10시경부터 채리티: 워터와 스캇 해리슨의 이야기에 빠져들어 태블릿에서 눈을 떼지 못하고, 거의 밤을 새우며 끝까지 읽어 내려갔다.

,

1975년 미국 필라델피아에서 태어난 스캇 해리슨은 네 살 때 집수리를 하던 중 가스 누출로 인해 일산화탄소에 중독된 어머니를 보살피며 자랐다. 착한 외동아들이었던 스캇은 속 한 번 썩이지 않고 열여덟 살에 대학에 진학하며 뉴욕 생활을 시작했다. 하지만 밴드에 합류하며 뉴욕의 밤 문화에 눈을 뜨게 되었고, 약 10년간 나이트클럽 프로모터로 술, 마약, 돈, 여자, 유흥에 빠져 살았다.

몸이 마비되는 증상을 느끼기 시작한 어느 날, 그는 지금까지의 생활을 청산하고 새로운 목표를 가지고 살아야겠다고 결심했다. 그렇게 그는 도망치듯 환락의 세계를 떠나 서아프리카로 향하는 민간 의료봉사 병원선에 올랐다. 2년 동안 사진작가로 봉사활동을 하며 아프리카의 여인과 아이들이 씻고 마실 물을 얻기 위해 매일 왕복 7~8시간씩 걸어서 결코 사람이 먹을 수 없는 물을 떠오는 광경을 목격했다.

그들이 앓고 있는 질병의 대부분은 깨끗하지 못한 물 때문이었다. 인류의 10분의 1, 약 7억 명이 오염된 물을 마시며 살아간다는 사실을 알게 된 스캇은 지구의 모든 사람들이 깨끗한 물을 마실 수

◆ 스캇 해리슨은 아프리카의 여인과 아이들이 씻고 마실 물을 얻기 위해 매일 왕복 7~8시간씩 걸어서 결코 사람이 먹을 수 없는 물을 떠오는 광경을 목격하고 자선단체 '채리티: 워터'를 설립했다. (출처 :《THIRST》by Scott Harrison)

세상을 공부하다

있도록 무언가를 해야겠다는 다짐을 하며 뉴욕으로 돌아왔다.

스캇은 자신의 서른 번째 생일 파티를 위해 클럽을 빌린 후, 축하하러 온 친구들에게 술값 대신 입장료로 20달러씩 받아 깨끗한 물이 없는 아프리카의 우물을 파는 사업에 전액을 기부하겠다고 했다. 이렇게 모은 돈을 모두 우물 사업에 투자했고, 해당 우물이 어디에 있는지 구글 지도로 확인할 수 있도록 파티에 참석한 친구들에게 GPS 위치와 사진을 이메일로 보냈다.

2006년에 설립된 채리티: 워터^{charity: water}는 현재 29개국 1,300만 명이 넘는 사람들에게 깨끗한 물을 공급하고 있다. 스캇은 포브스의 '전 세계 가장 영향력 있는 30인' 그리고 포춘의 '40세 이하 경영인 40인'으로 선정되었다. 채리티: 워터는 기부자의 기부금 전액이 우물 사업에 투자되는 '100% 모델(기부금의 100%가 우물 사업에 활용되고, 재단의 운영비는 소수의 자산가들에게 따로 받으며 활동하는 채리티: 워터의 비즈니스 모델)'을 통해 세계에서 가장 혁신적인 자선단체 중 하나로 인정받고 있다.

스캇과 채리티: 워터에 대해 파고들수록 나의 관심은 커져만 갔다. 당시 한국에서는 자선단체를 불신하게 만드는 뉴스들이 계속 나오면서, 기부에 대한 관심이 점점 줄어들고 있었다. 나는 스

캇의 이야기가 기부에 대한 신선한 관점과 새로운 관심을 가져올 수 있을 거라고 생각했다.

하루 만에 책을 다 읽고 매튜에게 제안했다. 내가 스캇의 책을 한국어로 번역 출간하면 그를 한국으로 초청해 많은 사람들을 만날 수 있게 도와달라고 했다. 매튜는 나의 제안을 흔쾌히 받아들였고, 나와 스캇을 이메일로 연결해 주었다.

나는 두 번째 책 《THIRST》의 판권을 빠르게 확보하고 본격적인 출간 준비에 들어갔다.

◆ 자선단체 채리티: 워터의 CEO 스캇 해리슨과 그의 책《THIRST》

，

코로나가 서서히 잠잠해지고

일상생활이 회복되면

사람들은 새로운 관계를 맺는 것에 대해

고민할 것이다.

그것을 해결해 줄 수 있는

다양한 사례와 연구 결과들이 담긴

재미있는 책을 출간할 수 있겠다는

기대를 품었다.

05 클럽하우스에서 만난 인간관계 전문가

2021년 2월 초, 나는 당시 전 세계적으로 폭발적인 인기를 누렸던 오디오 기반 소셜미디어 '클럽하우스'에서 존 리비Jon Levy를 처음 만났다. 미국 마케팅 전문가들이 모인 대화방 속 그는 '미국 최상류층이 참가하는 비밀 저녁 식사 모임을 만든 행동과학자'였다. '최상류층' '비밀 모임' '행동과학자' 등 어느 하나 관심이 가지 않을 수 없는 키워드였다.

모임 기획과 사람들을 연결한 그의 경험을 들으며 깊은 공감을 느꼈다. 나 역시 사람들을 모으고 연결하면서 얻는 즐거움과 기쁨을 누구보다 잘 알고 있었기 때문이다. 나와 비슷한 일을 해온 존의 이야기를 들으며 특별한 동질감을 느꼈다. 그리고 그동안 그가 초청하고 만났던 사람들의 프로필을 들으며 감탄했다.

,

　존 리비가 미디어에 노출되고 일반 대중에게 알려지게 된 계기는 그가 운영하는 '인플루언서 디너'라는 모임 때문이었다. 그는 약 10년 전, '내가 가장 존경하는 사람들과 의미 있는 관계를 만들 수 있을까?'라는 질문을 던지며 저녁 식사 자리를 만들었다. 총 12명의 손님들을 자신의 집으로 초대해 1시간 동안 함께 요리하며 식사를 준비한다. 그리고 이때까지는 절대 자신이 하고 있는 일이나 심지어 이름(성)까지도 공개하지 못하도록 했다.

　모든 준비를 마치고 식사를 하기 위해 자리에 앉았을 때, 존은 손님들에게 돌아가면서 누가 어떤 일을 하는지 맞히는 게임을 진행했다. "미술하시는 분 같으세요" "금융 쪽에서 일하시는 것 같은데" "딱 봐도 운동선수 같아요" 등 다양한 의견들이 나왔다. 하지만 마지막에 서로가 어떤 일을 하는 사람인지 공개하면 모두가 놀란다고 한다. 존의 '인플루언서 디너'에는 노벨상 수상자, 올림픽 금메달리스트, 글로벌 기업 CEO, 그래미상을 수상한 작곡가 등 다양한 업계에서 활약을 하는 최고의 인물들이 모였다.

◆ 노벨상 수상자, 올림픽 금메달리스트, 재벌과 예술가 등이 인플루언서 디너에 초대받지만, 식사를 하기 전까지는 서로가 누구인지를 알지 못한다. (출처 : © INFLUENCERS, INC.)

,

　나는 단지 그가 유명 인사들을 한자리에 모아서 연결했다는 점이 신기했던 것은 아니다. 서로 모르는 사람들과 처음 만나 어울리는 즐거움, 사람과 사람을 연결해 주는 기쁨을 너무 잘 알고 있는 나와 비슷한 사람이 그 만남을 활용해 세계 최고의 리더들과 연결되어 세상을 바꾸고 있다는 사실이 놀라울 뿐이었다.

　그의 '클럽하우스' 프로필을 확인해 보니 행동과학을 주제로 한 책이 곧 출간된다는 소식이 있었다. 나는 바로 그의 인스타그램 계정을 찾아 그가 진행했던 다양한 활동들을 한국 독자들에게 알리고 싶다고 DM을 보냈다. 고맙게도 그는 클럽하우스 행사를 마치고 나의 DM에 장문의 답장을 보내주며 직접 만나 인사를 나누고 싶다는 나의 요청에 흔쾌히 응해 주었다.

　2021년 4월, 나는 약속된 시간에 뉴욕 센트럴파크 서쪽에 위치한 브런치로 유명한 더 스미스The Smith 레스토랑으로 향했다. 커플과 가족들이 주로 앉아 있는 야외 테이블 맨 구석에 검은색 가죽 재킷을 입은 한 남자가 최신형 아이폰을 들고 영상통화를 하고 있었다. 반쯤 마신 음료 잔과 하얀색 마스크에도 가려지지 않는 진한 턱수염을 보자마자 나는 바로 존 리비를 알아봤고, 그의 테이블로 다가갔다.

그는 나를 발견하고 반가운 표정으로 앞에 있는 의자를 가리키며 통화가 끝날 때까지 잠시만 기다려 달라고 눈짓을 했다. 나는 기다리는 동안 그의 인터뷰 내용을 들을 수 있었다.

"이러한 것을 '이케아 효과'라고 하는데, 기업들이 그저 고객에게 퍼주기만 하지 않고 고객들이 그 브랜드에 더 투자하도록 유도할수록 충성도가 올라간다는 뜻이죠."

브랜딩, 홍보, 심리, 고객 커뮤니티 구축 등 다양한 주제를 아우르며 대화를 마무리한 그는 전화를 끊자마자 나에게 아침부터 저녁까지 30분 단위로 빼곡히 적힌 아이폰 속 스케줄을 보여주며 말했다.

"올해 하반기에는 코로나19 백신 접종률이 높아지면서 사회 전반에 걸쳐 일상으로 돌아가려는 움직임이 많아질 텐데, 그 과정에서 인간관계와 커뮤니티를 어떻게 되찾고 잘 활용할지 고민하는 개인과 기업이 많은 것 같아요."

내가 그의 책을 우리나라에 소개하고 싶었던 이유를 그는 정확히 꿰뚫고 있었다.

1시간 동안 책뿐만 아니라 서로 사람들을 연결해 준 경험에 대해 많은 이야기를 나누었다. 그러다 갑자기 그가 놀라면서 자신이 책을 안 가져왔다며 자기 집이 멀지 않으니 함께 가자고 청했다. 택시를 타고 그의 집에 가서 아직 출간되지 않은 원서 두 권을 선물받았다. 그는 하루빨리 한국 독자들을 만나고 싶다고 말했다.

2021년 말쯤 코로나19가 서서히 잠잠해지고 일상생활이 회복되면 사람들은 새로운 관계를 맺는 것에 대해 고민하게 될 거라 예상했다. 나는 새로운 인간관계와 커뮤니티를 해결해 줄 수 있는 다양한 사례와 연구 결과들이 담긴 재미있는 책을 출간할 수 있겠다는 기대감에 부풀었다.

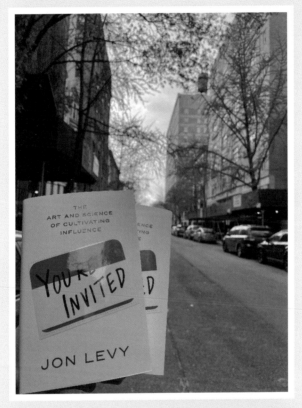

◆ 코로나19가 잠잠해지고 사람들의 일상이 회복될 때 인간관계와 커뮤니티를
되찾고 활용할 수 있는 책의 출간에 가슴이 뛰었다.

'

나의 목표는 한순간의 순위가 아니라
지속적으로 넓은 세상의 이야기를
소개하고 전달하는 것이다.
"결과가 아닌 과정을 즐겨야
진정한 행복을 누릴 수 있다"는
게리 바이너척의 말처럼,
나도 이 즐거운 과정을 꾸준히
이어나가고 싶다.

06

24시간에
100만 부가
팔린 책

———

나를 출판의 세계로 이끌어 준 게리 바이너척이 신간을 출간한다는 소식을 전했다. 한국에서 그의 책을 출간한 지 약 2년 만이었다. 게리가 지금까지 출간한 다섯 권의 책은 주로 마케팅과 사업 확장에 필요한 기술적인 이야기를 다루었지만, 이번 책에서는 지금까지 본인이 일군 성공의 기반이 되어 준 12가지 원칙을 소개하겠다고 했다.

그의 책은 주로 SNS 마케팅에 관심 있는 사람들이 주된 독자층이었다. 하지만 새로 출간되는 《Twelve and a Half》는 마케터나 사업가가 아니더라도 누구나 재미있게 읽을 수 있을 것이라 확신하고 번역 출간을 결심했다. 3년 동안 세 권의 책을 출간한 경험과 꾸준히 게리의 팀과 소통해 온 덕분에 빠르게 판권을 확보할 수 있었다.

,

미국에서는 2021년 10월 말에 출간될 예정이었고, PDF 원고를 전달받은 시기는 여름이었다. 이번 책 역시 《Crushing It》을 출판했던 하퍼콜린스에서 출간하는데, 이 책의 초판을 25만 부 인쇄한다고 알려주었다(국내 도서는 대부분 초판 1,500 ~ 2,000부 인쇄하는 것을 고려하면 어마어마한 규모였다).

지난 몇 년간 전 세계적으로 게리의 영향력이 더 단단하게 쌓였고, 한국에서도 《크러싱 잇》을 통해 그의 이름이 어느 정도 알려졌기 때문에 이번 책은 웬만큼 흥행에 자신이 있었다. 전문 번역가에게 번역을 맡기고 편집 작업을 거치면 늦어도 2022년 봄에는 국내 출간이 가능할 것 같았다. 미국 현지 출간일과 국내 출간일의 간격을 최대한 줄이고 싶었는데, 6개월 정도면 나쁘지 않았다.

여유 있게 번역가를 물색하고 있던 어느 날, 나의 계획을 송두리째 바꿔버리는 사건이 발생했다. 2021년 8월 27일 오후, 게리가 자신의 SNS 라이브 방송을 통해 《Twelve and a Half》의 출간을 공식 발표했다. 그리고 자신의 책을 일정 부수 이상 구매하면 본인이 직접 발행한 NFT를 제공하는 이벤트를 깜짝 제안했다. 당시 디지

털 아트 쪽에서 NFT(Non-Fungible Token, 대체불가토큰)가 많은 관심을 보이고 있었는데, 게리는 NFT가 미래에 우리 삶에서 얼마나 많은 부분을 차지할 것인지 강조하며 자신의 책 출간 이벤트를 NFT와 엮은 것이다.

반응은 폭발적이었다. 라이브 방송과 동시에 출판사에서 선주문 사이트를 오픈했는데, 24시간 만에 예약판매 100만 부를 넘기는 초유의 사태가 발생했다. 미국 일간지 월스트리트저널은 '업계 최고의 선주문 기록 중 하나였다'라고 보도했다. 영미권 5대 출판사 중 하나인 하퍼콜린스조차 주문량을 맞출 종이와 인쇄소가 부족해 출간 날짜를 한 달 미룬다고 발표했다. 수천만 명의 팔로워를 지닌 게리는 자신의 팬덤뿐만 아니라 출판업계와 마케팅업계를 NFT라는 새로운 영역으로 이끈 것이다.

,

미국 SNS와 언론의 반응을 실시간으로 모니터링하던 나는 책 출간 일정을 예정보다 더 빨리 앞당겨야 한다는 판단을 내렸다. 당시 우리나라도 암호화폐와 NFT에 대한 관심이 높았다. 디지털 세상에서 펼쳐지는 새로운 기회에 있어 한국이 세계에서 가장 빠르게 반응할 것이라고 믿어 의심치 않았다.

게리는 이번 책 홍보 캠페인을 통해 NFT 업계의 리더가 될 것이 확실했다. NFT 분야에서는 우리나라가 미국을 벤치마킹하고 있기에 분명 게리의 이름이 국내에서도 더 많이 회자될 것이라고 예상했다. 그의 출간 기념 NFT 캠페인이 한국에 소개될 때 '게리의 책이 곧 한국에서 출간된다'는 사실은 최고의 마케팅 포인트가 될 것이라 생각했다. 마케팅은 타이밍이 생명이기에, 미국의 출간일에서 6개월을 더 기다릴 수 없었다.

,

책 출간 일정을 앞당기려면 번역을 최대한 빨리 마무리해야 했다. 번역이 끝나야 전체 콘셉트를 잡고 편집과 디자인을 진행할 수 있기 때문이다. 하지만 번역은 마음먹는다고 빨리 끝낼 수 있는 작업이 아니다. 전문가들도 몇 달의 시간이 필요하다. 아무리 예산을 늘린다 해도 물리적으로 번역 기간을 단축하기에는 한계가 있었다. 결국 나는 최후의 수단을 생각해 냈다. 내가 직접 번역하는 것이다.

물론 내가 아무리 어릴 때부터 미국에서 영어로 교육을 받았다 하더라도 전문 번역가를 따라갈 수 없다는 사실은 분명하다. 하지만 게리 바이너척을 오랫동안 접하고 소통했기에 그에 대한 이야기를 누구보다 정확하게 전달할 수 있을 거라는 생각도 들었다. 게리가 전하고자 하는 메시지와 감정, 그의 말에 담긴 열정까지 고스란히 전할 수 있을 것 같았다. 게다가 나는 밤을 새워서라도 일정을 맞출 수 있었다.

굉장히 어려운 여정이 될 거라는 사실도 잘 알고 있었다. 일단 프롤로그부터 시작해 보기로 했다. 과연 내가 얼마나 빠르게, 얼마나 만족스러운 결과를 낼 수 있을지 확인하고 싶었다. 노트북과 연결된 모니터에는 PDF 원고 파일과 영한사전을 열어놓고, 노트북 화면에 새 문서를 열었다. 이렇게 나는 하루에 10시간 이상씩 책상 앞에 앉아 번역을 강행했다. 몇 주 동안의 고독한 작업을 드디어 마무리했을 때, 달력을 보니 책 출간을 두세 달 이상 앞당길 수 있었다. 노트북 화면을 닫고 그 위에 엎드린 순간이 지금도 선명하게 기억이 난다. 마치 내가 책 한 권을 써낸 기분이었다.

’

　《부와 성공을 부르는 12가지 원칙》이라는 제목으로 출간된 게 리의 책은 저자 자신이 성공과 행복을 얻을 수 있었던 원칙들을 소 개한다. 12가지 원칙은 감사, 자기인식, 책임, 겸손, 끈기, 확신, 야 망 등 익숙한 단어들이지만, 곱씹어 볼수록 그 어떤 마음가짐보다 중요한 요소들이다. 게리는 이 원칙들을 소개한 후 우리가 일상에 서 흔히 겪을 수 있는 어려운 상황이나 고민거리 35가지 사례를 나열하며 어떻게 해야 현명하게 반응하고 후회 없이 행복할 수 있 는지 설명한다.

’

MZ세대의 대표적인 자기계발 인플루언서 드로우앤드류 님의 채널에 출연하며 이 책을 처음 소개했다. 영상 업로드 당일에 서점 홈페이지에서 실시간 검색 1위를 달성하는 모습을 보고 인플루언서의 영향력을 다시 한 번 확인할 수 있었다.

당시 나는 드로우앤드류 채널과 브랜드를 보면서 진정성 있는 메시지에 공감하며 지지해 주는 커뮤니티의 힘을 느낄 수 있었다. 게리 바이너척이 솔직한 메시지와 감각적인 콘텐츠로 영향력 있는 브랜드가 되어 한 세대를 사로잡는 모습을 지켜봐 왔는데, 한국에서 그와 가장 비슷한 인물을 뽑으라 하면 단연 드로우앤드류를 꼽을 것이다.

드로우앤드류 채널 구독자들의 관심을 시작으로 책에 대한 소문이 일파만파 퍼졌고, 《부와 성공을 부르는 12가지 원칙》은 국내 주요 서점 세 곳에서 자기계발 분야 베스트셀러 1위에 올랐다. 돈, 부동산, 주식, 코인 등 자산을 늘리는 책들이 쏟아지는 시기에 일상의 행복을 논하는 책이 당당하게 1위에 오르는 모습을 보고 뿌듯함을 감출 수 없었다.

하루만에 100만 부가 팔린 책의 진짜 이유

◆ 자기계발 인플루언서 드로우앤드류 님의 채널에 출연해《부와 성공을 부르는 12가지 원칙》을 처음 소개했는데, 영상 업로드 당일 서점 실시간 검색어 1위를 달성했다.

세상을 공부하다

’

　세계 곳곳에서 회자되는 다양한 이야기를 한국에 소개하고 싶은 마음으로 출판을 시작한 나에게 이런 결과는 많은 위안과 용기를 주었다. 물론 나의 목표는 한순간의 순위가 아니라 지속적으로 넓은 세상의 이야기를 소개하고 전달하는 것이다. "결과가 아닌 과정을 즐겨야 진정한 행복을 누릴 수 있다"라는 게리 바이너척의 말처럼, 나도 이 즐거운 과정을 꾸준히 이어나가고 싶다. 지금 쓰고 있는 이 책 또한 그 여정의 일부라고 생각한다.

Part 3

세상을
연결하다

"

내가 나의 경험들을 솔직하게

공유하는 이유는

세상에는 다양한 정답이 있다는 것을

전하고 싶기 때문이다.

나의 목적을 이루기 위해

타인에게 피해를 주어서는 안 되겠지만,

내가 할 수 있는 범위 내에서

여러 가지 시도를 할 수 있다는 것을

인지하면 그 어떤 도전도

두렵지 않을 것이라는

이야기를 전하고 싶다.

01
누군가를 만나려면
이 정도 노력은 해야지

───

 2016년 11월 8일 화요일 밤, 나는 뉴욕 타임스퀘어 중심부에 서서 대형 전광판을 올려보고 있었다. 익숙한 글로벌 브랜드의 화려한 광고 이미지를 보여 주는 타임스퀘어의 전광판은 4년에 한 번 생방송 중계를 보여 주는데, 바로 미국 대통령 선거 결과 방송이다.

 버락 오바마 대통령의 8년 임기가 끝나고 다음 대통령이 될 민주당 힐러리 클린턴 후보와 공화당 도널드 트럼프 후보의 경쟁은 예상보다 치열했다. 결국 승자가 정해지지 않은 채 밤 12시 30분까지 생중계를 계획했던 타임스퀘어의 전광판이 꺼졌다. 타임스퀘어에 있던 사람들은 약 300미터 거리에 위치한 폭스뉴스^{Fox News}

CLINTON
47%
34,473,329

TRUMP
49%
36,222,463

55% OF EXPECTED VOTE REPORTING

스튜디오로 이동해 밤을 새워가며 선거 개표 방송을 지켜 봤는데, 새벽녘이 되어 트럼프 후보의 당선이 확정되었다.

나를 포함해 많은 한인 대학생들이 대선 결과에 관심이 많았던 이유는 선거 유세 과정에서 도널드 트럼프 후보가 미국 우선주의 정책을 내세우며 해외 유학생의 미국 취업을 제한하겠다는 공약을 여러 번 언급했기 때문이다. 접전 끝에 트럼프의 당선이 확정되자 유학생 커뮤니티에서는 취업을 걱정하는 글들이 넘쳐났다.

학생 비자 발급이 제한될지, 취업 비자 취득에 걸림돌이 많아질지 모두 걱정하고 있었다. 특히 외국인 대학생과 대학원생에게 주어지는 F-1 학생 비자는 졸업 후 전공 관련 분야에서 직무 경험

세상을 공부하다

을 쌓을 수 있는 취업허가제도가 최소 1년에서 최대 3년까지 제공된다. 그런데 이 프로그램이 없어질 수 있다는 소문이 돌았다. 기업들은 대부분 일정 기간 함께 일한 인재에게만 취업 비자를 제공해 준다. 이 프로그램이 없어지면 사실상 대부분의 유학생들에게 취업으로 넘어가는 사다리가 없어지는 것과 다름없었다.

,

정치적인 이슈가 없더라도 유학생들에게 미국 내 취업은 어렵고 복잡한 과정이 많다. 나는 재미한인대학생컨퍼런스KASCON를 준비할 때 이민법 전문 변호사를 직접 섭외해 취업과 비자에 대한 워크숍 프로그램을 넣기도 했다. 그런데 이제 미국 우선주의를 내세우는 트럼프의 당선으로 인해 유학생들의 고민이 더욱 깊어진 것이다. 나의 경험과 능력으로 무엇을 할 수 있을지 고민하다 비자 문제로 한국으로 돌아가야 하는 유학생들을 위한 컨퍼런스를 기획하기로 했다.

해외 유학을 마치고 한국으로 돌아가서 일해야 하는 학생들에게 한국의 취업과 진로에 대한 깊이 있는 정보를 전달하고 싶었다. 특히 이번 행사의 타깃은 명확했다. 중고등학교 시절에 미국으로 건너와 대학 졸업 후에도 계속 미국에서 생활하려고 했으나 비자 문제로 한국에 돌아갈 수밖에 없는 학생들에게 도움을 주는 것

이다. 다음 해 여름 서울에서 컨퍼런스를 여는 것을 목표로 준비를
시작했다.

,

행사를 기획할 때 청중의 니즈와 원츠를 명확히 잡으면 준비하
는 과정이 훨씬 쉬워진다. 한국으로 돌아가야 하는 유학생들은 자
신이 가야 하는 길을 먼저 걸어본 선배들의 이야기, 경험 있는 전
문가들이 유학생들에게 지금 당장 무엇을 해야 하는지 알려주는
조언, 그리고 우리나라의 취업 과정 전반에 대한 설명이 필요할 것
이다. 유학 생활을 마치고 한국에 정착해 다양한 분야에서 커리어
를 펼치고 있는 분들을 한자리에 모으는 것이 나의 도전이었다.

나의 섭외 1순위는 베스트셀러 저자이자 강연가로 왕성하게
활동하던 조승연 작가님이었다. 2004년 《공부기술》을 시작으로
20권 이상의 책을 펴낸 조승연 작가는 뉴욕대학교 선배라는 것 외
에 특별한 연결고리가 없었다. 뉴욕에서 봄학기를 마무리하던 나
는 방학 기간에 한국에 돌아가 어떤 방법으로든 조승연 작가를 만
나야겠다고 생각했다.

그러던 어느 날 광고 포스터 하나가 나의 눈을 사로잡았다. 신
세계백화점에서 진행하는 <지식향연>이라는 대학교 강연 프로그
램의 연사 명단에 조승연 작가가 포함되어 있었다. 그의 강연은 5

세상을 공부하다

월 30일 5시, 제주대학교에서 있을 예정이었다.

강연 당일 아침, 나는 제주행 비행기를 탔다. 조승연 작가가 1부를, 다른 연사가 2부를 맡고, 두 강연 사이에 음악 공연이 있었다. 작가님이 1부 강연을 마치는 시간에 맞춰 강연장을 홀로 빠져나와 미리 파악해 둔 강사 대기실 부근에서 작가님을 기다렸다. 그리고 작가님이 대기실에 들어가는 것을 확인하고 잠시 후 대기실의 문을 두드렸다. 조승연 작가님과의 첫 만남이었다.

페이스북 메시지를 여러 번 보낸 뉴욕대학교 후배라고 첫마디를 떼자 작가님은 나를 기억하고 있었다. 나는 긴장한 목소리로 준비하고 있는 강연에 대해 설명했다. 그런데 행사 요원이 공항으로 가는 택시가 대기 중이라고 전했다. 조승연 작가는 나의 이야기에 관심을 보이며 "우리 같이 택시 타고 가면서 얘기하죠!"라고 제안했다.

제주공항까지 이동하는 택시 안에서 나의 배경과 경험, 그리고 행사의 취지와 형식을 설명했다. 조승연 작가는 느닷없이 찾아온 후배를 보고 처음에는 당혹해했지만 행사의 취지에 공감하고 강연에 응해 주었다.

,

섭외 과정에서 기억에 남는 또 한 명의 연사는, 가장 오랜 시간을 들여 섭외한 JTBC의 강지영 아나운서이다. 미국 중부의 명문 인디애나 주립대학교 경영대 출신으로, 미국 CPA 자격증도 보유한 능력자이자, 아나운서 서바이벌 프로그램을 통해 방송에 입문한 특이한 이력의 소유자이다. 방송과 미디어에 관심이 많은 유학생들 사이에서는 이미 롤모델로 언급되고 있었기에 강지영 아나운서를 섭외하면 유학생들이 큰 관심을 보일 것이라고 예상했다.

섭외 메일을 여러 차례 보냈지만 역시 답은 없었다. 당시 뉴욕에 있었던 나는 우연히 마주친 우체통을 보고 아이디어가 떠올랐다. 이메일의 홍수 속에 살고 있는 지금의 현실에서 나의 이름으로 전달되는 우편물이 오면 직접 열어보지 않을까? 특히 뉴욕에서 날아온 편지라면 관심을 가질 것이라고 생각해 전달하고 싶은 내용을 A4 용지 한 장에 담아 수신자의 서명이 필요한 국제우편으로 발송했다. 그리고 매일 등기번호를 검색하며 서울의 우체국에 도착했을 즈음에 나는 다시 이메일을 보냈다.

마지막 이메일을 보내고 며칠 후 '편지 잘 받았습니다'라는 답변을 받았다. 감사하게도 행사를 긍정적으로 봐주고, 강연 섭외에 응해 주었다.

◆ 코엑스에서 개최한 〈CNH 포럼 2017〉에는 조승연 작가, 강지영 아나운서, 김동준 슛포러브 대표 등 해외에서
공부하고 한국에서 활동하고 있는 많은 분들이 연사로 참여해 주었다.

강지영 아나운서는 특히 여학생들에게 인기가 많았다. 무대 위에서 솔직하게 때로는 거침없이 자신의 경험을 전달하고, 강연이 끝나고 학생들과 반갑게 인사해 주었다.

,

유학생들을 위한 컨퍼런스는 <CNH 포럼 2017>이라는 이름으로 2017년 7월 코엑스 컨퍼런스룸에서 개최되었다. 400명이 넘는 유학생들이 참석해 많은 인사이트를 얻고 갔다.

CNH 포럼을 통해 나는 크게 두 가지를 얻을 수 있었다. 하나는 내가 누군가에게 기회를 주었다는 것이다. 포럼이 끝나고 참석한 유학생들로부터 '여러 분야에 계신 분들의 이야기를 듣고 싶어 왔는데, 정말 의미 있고 실질적으로 도움이 되는 조언을 많이 얻었다'는 말을 많이 들었다. 또 '진로 고민을 할 수 있는 시간을 만들어 주어 너무 좋았다'고 고마움을 표현하는 분들도 많았다.

또 하나는 연사 분들과 네트워크를 형성할 수 있었다는 것이다. TV에서나 볼 법한 분들에게 직접 연락해 그분들을 연사로 섭외하게 되면 이후에도 다양한 곳에서 다시 만나게 된다. 그때 서로 성장한 모습을 보며 응원을 해준다.

세상을 공부하다

,

    누군가는 나의 섭외 과정을 보며 끈기 있는 젊음의 패기라 볼 수도 있고, 누군가는 부담스러운 접근법이라며 불편해할 수도 있다. 또 어떤 이는 목적을 달성하기 위해 편법을 사용했다고 생각할 수도 있다. 하지만 내가 나의 경험들을 솔직하게 공유하는 이유는 세상에는 다양한 정답이 있다는 것을 전하고 싶기 때문이다. 나의 목적을 이루기 위해 타인에게 피해를 주어서는 안 되겠지만, 내가 할 수 있는 범위 내에서 여러 가지 시도를 할 수 있다는 것을 인지하면 그 어떤 도전도 두렵지 않을 것이라는 이야기를 전하고 싶을 뿐이다.

6

형, 우리 뉴욕에 가서

게리 한번 만나 볼래요?

02

뉴욕과 아시아의
두 별을 연결하다

─────

《크러싱 잇》의 국내 출간을 준비하는 동안 나에게는 또 하나의 커다란 프로젝트가 있었다. 2018년 8월 18일, 경희대학교 평화의 전당에서 개최한 <CNH 포럼 2018> 컨퍼런스였다. '진실을 위한 여정'이라는 주제의 미디어와 저널리즘에 대한 포럼이었는데, 언론계에서 인정받는 저명한 연사를 대거 섭외해 다양한 강연과 패널 토론 형식으로 진행했다.

특히 이 행사는 CNN의 간판 앵커 앤더슨 쿠퍼^{Anderson Cooper}가 참석하며 큰 화제가 되었다. 또 김현정 CBS PD, 로라 비커^{Laura Bicker} BBC 서울 특파원, 조나단 챙^{Jonathan Cheng} 월스트리트저널 당

시 서울지국장, 로버트 켈리^{Robert Kelly} 부산대학교 정치외교학과
교수, 원용진 서강대학교 커뮤니케이션학과 교수, 다니엘 튜더
^{Daniel Tudor} 전 이코노미스트 특파원, 가수 에릭남 등 다양한 인사들
이 참석했다.

당시 포럼을 준비하며 많은 분들과 좋은 인연을 맺었다. 그중
비슷한 또래여서 친해진 사람이 바로 가수 에릭남이다. 그와 대화
를 나누며 방송에서 보여지는 친절함과 배려심은 물론이고, 진취
적인 성향과 새로운 일에 도전하는 열정과 성실함을 느낄 수 있었
다. 행사 이후에도 우리는 종종 만나 음악과 콘텐츠를 넘어 사업과
사회적 이슈들에 대해 이야기하며 서로에게 도움을 주었다.

,

《크러싱 잇》출간을 준비할 때 한국에서 인지도가 많지 않았던 저자 게리 바이너척에게 한국을 제대로 알려주고 싶은 마음이 굴뚝같았다. 게리는 유튜브 영상에서 '아시아에 진출하고 싶다' '곧 아시아에서 활동하고 싶다'는 말을 자주 언급했기에 그가 아시아에 관심이 많다는 것을 잘 알고 있었다. 나도 단순히 책만 출간하는 것이 아니라 그의 파트너로서 아시아 진출에 도움이 되고 싶었다.

그 당시 에릭남은 해외공연을 활발하게 하고 있었다. 미국에서 태어나 우리나라와 해외에서 가수와 방송인으로 다양하게 활동하고 있던 그는 전 세계의 많은 팬들과 SNS로 열심히 소통하고 있었다. 또 미주 지역을 넘어 동남아 국가까지 음악적 활동 범위를 넓히고 있었다.

동남아 공연을 마치고 귀국한 에릭남을 늦은 시간에 만났다. 포럼 이후의 근황에 대해 이야기하며 게리 바이너척의 《크러싱 잇》출간을 준비 중이라고 했다. 비즈니스와 소셜 트렌드에 대해 관심이 많았던 그는 게리라는 이름을 듣자 "아, 소셜미디어의 그 게리!"라고 바로 말했다.

그 순간 머릿속에서 번쩍하고 수많은 점들이 연결되는 듯한 느낌이 들었다.

'게리는 아시아 진출을 원하고, 에릭 형은 영미권 활동을 넓히고 싶어 한다. 이 둘이 만나면 어떤 일이 생길까?'

당시 두 사람의 인스타그램 팔로워 수를 합치면 700만 명이 넘었다(지금은 그 2배인 1,400만 명이 넘는다). 전혀 다른 영역에서 활동하는 두 사람이기에, 겹치는 팬이 그리 많지는 않을 거라고 생각했다. 둘이 연결된다면 마케터인 게리는 한국뿐 아니라 아시아 전역에서도 인지도가 높은 K팝 스타의 팬들을 바로 만날 수 있다. 아티스트 에릭남은 그의 음악을 한 번도 들어보지 못했지만 열정적이고 새로운 콘텐츠를 갈망하는 수백만 명의 게리 팬들에게 자신의 존재를 알릴 수 있다.

이미 내 머릿속은 게리의 사무실에서 에릭남과 함께 앉아 있는 모습으로 가득 차 있었다. 마시던 음료수를 내려놓고 나는 바로 물었다.

"형, 우리 뉴욕에 가서 게리 한번 만나 볼래요?"

,

2018년 11월, 에릭남은 아르헨티나 남부 지역의 다큐 촬영과 베트남 공연 사이에 뉴욕 행사가 하나 잡혀 있었다. 그것도 딱 24시간 뉴욕을 경유하는 일정이었다. 나는 형에게 1시간만 비워달라고 부탁하고, 바로 게리의 비서실에 연락했다.

세상을 공부하다

"한국뿐만 아니라 전 세계적으로 유명한 K팝 스타를 베이너미디어VaynerMedia 사무실로 데려간다면, 게리의 일정을 조율해 잠깐만 시간을 내줄 수 있을까요?"

지금까지 수많은 섭외 연락을 해봤지만 이번처럼 확신을 가지고 이메일을 보낸 적이 없었다. 게리는 새로운 영역에 진출할 수 있는 기회가 오면 절대 놓치지 않을 거라 생각했다. 그리고 이번 제안의 가치를 알아줄 거라고 믿었다. 내 믿음대로 다음 날 흔쾌히 수락한다는 답장이 왔다. 그렇게 양쪽의 일정을 조율해 시간을 잡았다.

둘의 만남은 기대 이상이었다. 게리는 예상했던 것보다 한국의 대중문화에 관심이 많았다. 그는 적극적으로 에릭남에게 도움을 주고 싶어 했다. 서로 시너지를 낼 수 있는 수많은 아이디어들이 쏟아져 나왔다.

이 만남을 계기로 에릭남은 《크러싱 잇》의 감수자로 함께해 주었다. 바쁜 일정을 소화하면서도 원고 내용을 꼼꼼히 살펴보며 피드백을 해주고 추천사까지 써주었다.

9

사람들을 연결하며 무엇을 얻는지에 대한 질문을 종종 받는다. 물론 금전적인 이득은 전혀 없다. 오히려 내 본업에 집중할 시간을

◆ 아시아 진출을 원하는 게리와 영미권 활동을 넓히려는 에릭남의 만남은 기대 이상이었다. 서로 시너지를 낼 수 있는 수많은 아이디어들이 쏟아져 나왔다.

세상을 공부하다

쪼개가면서 자리를 만드는 경우가 많다. 그리고 사람들을 연결했을 때, 각자의 영향력을 넘어서는 놀라운 일들이 벌어지는 모습을 보며 기쁨을 느낀다.

전혀 몰랐던 사람들이 둘도 없는 친한 친구가 되어 함께 여행을 다니는 모습도 보았고, 취업이나 승진 그리고 육아와 같은 삶의 여러 과정을 함께 공유한다는 소식도 접했다. 유튜브나 방송 등 미디어 업계에서 활동하는 사람들은 서로의 영상에 함께 출연하며 도움을 주기도 한다.

이런 모습을 보며 내가 얻는 것은 좋은 사람들을 서로 만나게 해주었다는 마음속의 뿌듯함이다. 그리고 이들의 연결을 통해 더 좋은 영향력과 콘텐츠가 만들어지기를 바랄 뿐이다.

게리 바이너척과 에릭남의 만남처럼 서로 다른 두 문화를 상징하는 인물들을 연결했을 때 즐거워할 세계 곳곳의 수많은 팬들을 상상하면 더없이 기쁘다.

‘

안 하고 후회하는 것보다

하고 후회하는 것이 낫다.

03

화려한 만찬 행사에서
자선의 미래를
경험하다

———

2019년 11월 15일, 미국의 최대 명절 중 하나인 추수감사절 Thanksgiving을 일주일 앞두고 나는 유년 시절을 보냈던 캘리포니아 남부에서 휴가를 즐기고 있었다. 20년 지기 친구의 집에 머물고 있었는데, 점심 무렵 예상치 못한 이메일 하나가 도착했다.

"태영, 우리가 내일 연례 갈라 디너 파티를 진행하는데, 샌프란 시스코로 올 수 있어? 무료로 입장할 수 있게 해줄 테니 식사도 하고 스캇 대표와 인사하는 건 어떨까?"

자선단체 채리티: 워터의 칼리에게 온 메일이었다. 칼리는 스캇 해리슨 대표의 비서로, 스캇의 책 《Thirst》 한국어판 출간을 준

비하며 필요한 자료를 요청하고 한국 방문 일정을 조율하느라 여러 번 연락했고, 뉴욕의 사무실에 방문해 인사한 적도 있었다. 인스타그램에 캘리포니아에 와 있다고 올린 사진을 본 모양이었다.

9

뉴욕에서 대학을 다닐 때 몇몇 자선단체들이 진행하는 갈라 디너 행사를 몇 번 다녀온 터라 행사 자체에 대한 부담감은 없었다. 하지만 샌프란시스코는 비행기를 타고 날아가야 했다. 메일을 받은 시간이 금요일 낮이었으니, 다음 날 오전 비행기를 타야 했다. 게다가 드레스코드는 턱시도였다. 오후 6시에는 모든 상점이 문을 닫을 텐데 나에게 맞는 턱시도를 어디서 구할 수 있을지도 걱정이었다.

동네에서 가장 가까운 양복점을 검색해 전화로 턱시도를 빌릴 수 있는지 확인하고 비행기 티켓을 찾아봤다. 다행히 LA-샌프란시스코는 서울-제주만큼이나 비행편이 많았고, 아침 일찍 출발하는 비행기는 가격도 저렴했다. 하지만 저녁에 묵을 숙소도 예약해야 했고, 식사와 교통비 등 경비를 고려하지 않을 수 없었다.

과연 그 정도로 돈을 쓸 만큼 가치 있는 행사일까? 10분 정도 고민하다 '안 하고 후회하는 것보다 하고 후회하는 것이 낫다'는 평소 지론에 따라 비행기 표와 숙소를 예약했다. 그리고 11월 16일

토요일 오후, 나는 약 700km의 거리를 날아가 턱시도를 입고 채리티: 워터의 연례 행사장 앞에 도착했다.

,

미국의 주요 비영리재단, 즉 자선단체들이 가장 많은 기부금을 모금하는 날이 바로 갈라 디너 파티이다. 1년에 한 번, 5성급 호텔 볼룸 혹은 대규모 행사장을 빌려 코스 요리를 대접하며 재단의 비전과 주요 성과를 홍보한다. 이 행사에 참석하는 참가자들은 입장료만 최소 수십만 원에서 수백만 원을 내기도 한다. 하지만 주로 기업 후원사들이 재단에 기부금을 내고 입장표를 받는다. 재단은 기업의 기부금액을 여러 티어tier로 나누고, 더 높은 금액을 기부할수록 기업에게 더 많은 홍보 혜택을 준다.

남성 참가자들은 턱시도를, 여성 참가자들은 이브닝드레스를 입고 참석한다. 갈라 디너의 드레스 코드는 '방송국 시상식 의상'을 떠올리면 된다. 물론 완벽한 나비넥타이와 검정 턱시도를 입지 않았다고 입장을 거부당하지는 않지만, 대부분의 참가자들은 가장 화려한 옷으로 자신을 꾸밀 수 있는 즐거운 경험이라 생각하고 드레스코드를 준수한다.

나는 '채리티: 워터 갈라 디너'의 마지막 티켓을 받은 것 같았다. 총 45개 테이블이 준비되어 있었는데, 맨 뒤에 있는 테이블 45번

(출처 : 《THIRST》 by Scott Harrison)

을 배정받았다. 한 테이블에 10명씩 계산하면 약 450명 정도 참석하는 행사였다. 이날의 참가비는 1인당 2,500달러(약 300만 원)였고, 참가비로만 100만 달러(약 13억 원) 이상을 모금했다.

내가 참석했던 대부분의 갈라 디너는 입장료와 기업 기부금으로 모금이 끝나지만, 채리티: 워터는 당일 현장에 모인 450명의 기부자들의 자리를 최대치로 활용했다. 모든 좌석에는 아이패드가 배치되어 있었고, 각 아이패드에는 참가자의 이름이 적혀 있었다. 행

세상을 공부하다

사가 진행되면서 대형 화면에 맞춰 아이패드 스크린도 바뀌었다.

채리티: 워터는 저녁 식사 프로그램을 진행하며 감동적인 이야기와 희망의 메시지로 참가자들의 마음을 움직이려 노력했다. 아이패드를 활용해 참가자들이 그 자리에서 바로 추가 기부금액을 입력할 수 있도록 하며 후원 약속을 이끌었다. 그 자리에서 결제되지는 않지만, 행사가 끝나고 며칠 후 그날 입력한 금액을 기부하도록 이메일을 보낸다.

코스 요리로 저녁 식사를 하고, 디저트가 나올 무렵 채리티: 워터의 CEO 스캇 해리슨이 무대 중앙에 올라 인사말을 시작했다. 여름부터 책 출간을 준비하면서 스캇과 이메일을 여러 번 주고받았지만, 실제로 보는 것은 처음이었다. 채리티: 워터의 여러 홍보 영상들과 스캇의 인터뷰, 강연 영상을 보며 스캇이 말을 잘한다는 것은 알고 있었지만, 실제로 무대 위에 서 있는 모습은 훨씬 더 멋있었다. 그는 갈라 디너를 통해 이루고자 하는 목표를 명확하게 전달했다.

"우리는 다른 단체들처럼 유명 가수의 화려한 공연도, 연예인과의 저녁 식사를 상품으로 거는 경매도 없습니다. 그저 지구상에 깨끗한 물을 마시지 못하는 사람들이 아직도 7억 명이 넘고, 여러분의 후원을 통해 우리와 같은 지구에서 살아가는 그들에게 깨끗한 물을 줄 수 있다는 사실을 알려드리고 싶습니다. 이 자리에서 여러분은 수백, 수천, 수만 명의 인생을 바꿀 수 있습니다. 저희와 함께해 주세요."

그리고 그는 사진 한 장을 화면에 띄웠다. 채리티: 워터가 아프리카와 동남아시아에 우물을 만들어 주고 있는데, 최근에 오래되어 사용하지 못하는 우물 1천 개를 발견했다고 말했다. 우물을 고쳐서 1천 곳의 마을 사람들이 깨끗한 물을 다시 마실 수 있도록 돕고 싶다고 간곡히 호소했다.

세상을 공부하다

이어서 스캇은 우간다에 있는 테멜레 마을 이야기를 했다. 12년 동안 우물이 잘 작동됐는데, 수소 이온 농도pH가 낮은 물이 파이프를 녹슬게 해 전반적인 공사가 필요하다고 했다. 이 우물을 고치는 데 필요한 6천 달러(약 750만 원)의 공사비를 마련하기 위해 참가자들에게 16달러를 기부해 달라고 부탁했다.

그 순간, 각 좌석 앞에 배치된 아이패드의 화면이 바뀌고 '$16'이 적힌 버튼이 등장했다. 나를 포함해 좌석에 앉아 있던 모두가 $16 버튼을 눌렀고, 그렇게 우리는 채리티: 워터에 16달러를 기부하겠다고 약속했다. 목표 금액 6천 달러를 달성하자 화면에는 새

(출처 : 《THIRST》 by Scott Harrison)

롭게 설치될 우물의 모습이 나타나고, 우간다 테멜레 마을 사람들이 실시간 생중계로 연결되어 춤추며 감사하는 모습을 전했다.

,

스캇은 마지막으로 그날의 최종 목표를 공유했다. 우물 1천 개를 고치는 데 필요한 금액은 총 600만 달러였다. 행사장 천장에는 1천 개의 전구가 달려 있었고, 우물 1개를 고칠 수 있는 돈이 모금될 때마다 전구가 하나씩 밝혀질 거라고 이야기했다.

좌석 앞 아이패드에는 $16 버튼이 없어지고 다양한 숫자가 적힌 버튼이 나타났다. 아이패드의 숫자를 눌러서 기부를 약속하면 실시간으로 기부금액이 계산되어 행사장 전체를 밝히는 것이었다. 채리티: 워터가 몇 달 동안 준비한 최첨단 행사였고, 본격적인 모금을 위해 켜져 있던 모든 전구를 꺼달라고 부탁했다.

그런데 갑자기 아이패드의 작동이 멈췄다. 어떤 버튼을 눌러도 아이패드가 작동하지 않았다. 10분이 지나고, 15분이 지나도 아이패드 앱은 재부팅에 실패했다. 스캇과 그의 아내 빅토리아, 그리고 채리티: 워터의 오래된 후원자들이 차례로 무대에 올라와 시간을 끌기 위해 다양한 이야기를 공유했다.

20분이 지난 후, 스캇이 무대 위로 다시 올라와 모두에게 사과하며 아이패드 앱이 다시 작동될 때까지 기다리기에는 너무 오랜

세상을 공부하다

시간이 걸릴 것 같다고 인정했다. 그리고 그는 참가자 모두에게 종이 한 장과 펜을 나눠 드릴 테니, 기부하고 싶은 만큼 액수를 적어서 주최 측에 건네 달라고 부탁했다.

스캇의 진심이 통했을까? 종이에 적힌 금액과 디너 참가비를 더해서 총 753만 2,290달러(2019년 11월 환율 기준 약 89억 원)이 모금됐다. 참가자들은 환호하며 박수를 쳤고, 스캇은 무대 위에서 감사의 마음을 전했다. 채리티: 워터는 이날 1천 명이 아닌 1천 개의 마을에 사는 수십만 명의 사람들에게 깨끗한 물을 제공할 수 있는 자원을 마련했다.

'

    디너 행사가 마무리되자 나는 잠깐이라도 스캇과 인사하기 위해 행사장 이곳저곳을 돌아다녔다. 감사하게도 스캇의 비서 칼리가 나를 먼저 찾았고, 스캇에게 데려다주었다. 스캇은 나를 반갑게 맞이해 주었다. 나는 스캇에게 한국어판 책의 출간 준비는 잘 진행되고 있고 곧 한국 방문 일정에 대해 다시 연락하겠다고 말했다.

    행사가 끝나고 호텔로 돌아와 채리티: 워터의 영향력을 다시 한 번 생각해 봤다. 많은 사람들이 뜻깊은 취지를 공감하며 한자리에 모이면 얼마나 큰 힘이 발휘될 수 있는지 제대로 경험한 날이었다. 물론 스캇이 사람들을 집중시키고 설득하는 탁월한 능력을 가지고 있기도 하고, 모두가 공감할 수 있는 깨끗한 물 공급이라는 좋은 취지도 큰 요인으로 작용했을 것이다.

    하지만 이날 밤 사람들이 각자 수천만 원 혹은 수억 원의 개인 돈을 기부할 수 있었던 것은 채리티: 워터가 고수하는 100% 모델을 기반으로 형성된 재단에 대한 신뢰라는 생각이 들었다.

    스마트폰으로 찍은 행사 사진들을 다시 보며 문득 이런 생각이 들었다.

    "한국에서 이런 갈라 디너를 해보면 어떨까?"

◆ 채리티: 워터의 스캇 해리슨과 만나며 나도 이런 갈라 행사를 한국에서 진
행해 보고 싶다는 생각을 하게 되었다.

6

장식의 화려함, 참석자들의 명성보다
그 시간과 공간에서 느껴진 관심,
열정, 선함, 그리고 감사함에
성공적인 행사가 되었다는 것을
느낄 수 있었다.

04

'채리티: 워터 갈라 in Seoul'을 개최하다

《채리티: 워터》(원서 제목 《Thirst》)의 출간을 기념하여 스캇 해리슨이 한국을 방문했을 때 일반 대중을 대상으로 큰 규모의 강연을 진행하고 싶었다. 하지만 스캇이 미국에서는 꽤 인지도가 있고 책도 베스트셀러였지만 우리나라에서는 인지도가 거의 없었다. 또 자선단체에 대한 관심도 크지 않다 보니 과연 누가 스캇의 이야기를 들으러 올지 자신할 수 없었다.

그래서 나는 샌프란시스코에서 경험한 채리티: 워터의 갈라 디너의 기억을 돌이켜보며 서울에서 갈라 디너를 기획해 보았다. 불특정 다수의 참석을 바라며 행사 홍보에 시간을 쓰고 노력하는 대신, 100명 정도의 소수 인원만 모여서 스캇을 만날 수 있는 식사 자리를 만들어 보기로 한 것이다. 샌프란시스코의 갈라 디너에 참석한 450명보다는 규모가 작지만, 한국에서 쉽게 경험하기 어려운 갈라 문화를 선보이며 채리티: 워터를 알릴 좋은 방법이었다. 하지만 갈라 디너의 경우 참석자들에게 입장료를 받거나 후원사를 통해 비용을 마련해야 하는 어려움이 있었다.

’

채리티: 워터를 소개해 주고, 스캇의 한국 방문을 위해 도움을 주었던 매튜에게 갈라 디너 아이디어를 공유했다. 우리나라에서 채리티: 워터를 알리는 데 도움이 될 만한 사람들을 초청해 식사 자리를 마련하고 싶다고 말했다. 매튜는 그 자리에서 100명의 식사비용을 지원하겠다고 약속했다. 나는 참석자들에게 입장료를 따로 받지 않고, 기부하고 싶은 참석자가 있다면 채리티: 워터로 전액 전달될 수 있도록 연결하기로 했다.

갈라 디너는 예전에 행사를 진행해 봤던 광화문 포시즌스 호텔에서 하고 싶었다. 호텔 측에 행사의 취지를 설명하자 좋은 단체를 알리는 의미 있는 행사라고 공감하며 감사하게도 비용 측면에서 많은 도움을 주었다.

행사장으로 이용할 볼룸은 최대 250명까지 수용 가능한 공간이기 때문에 100명이면 충분히 여유 있는 공간이었다. 행사는 대부분 영어로 진행될 예정이었기 때문에 동시통역을 위한 부스 설치도 필요했다. 10명이 한자리에 앉을 수 있는 10개의 테이블, 동시통역 부스, 정식 프로그램 시작 전 참석자들이 서로 인사를 나눌 리셉션 공간에 배치될 스탠딩 테이블, 그리고 체크인 안내 데스크까지 목록을 적어 호텔 측에 전달했다.

미국의 갈라 디너는 대부분 행사 시작 전에 1시간 정도 참석자들이 서로 인사할 수 있는 리셉션 시간을 갖는다. 그 후 행사장에 입장해 지정된 테이블 좌석에 앉아 식사를 하면서 준비된 프로그램을 진행하는 형식이다. 나 또한 같은 경험을 만들기 위해 식사가 제공될 볼룸 앞에 있는 공간을 최대한 활용해, 간단한 간식과 음료를 마시면서 참석자들이 서로 인사를 나눌 수 있는 자리를 마련했다.

그다음으로 꼭 초대할 사람들 목록을 적었다. 《채리티: 워터》가 잘 나올 수 있도록 힘써 주신 천그루숲 출판사 분들과 번역을 해주신 최소영 번역가부터 책과 행사, 스캇의 한국 방문에 도움을 주신 분들을 정리했다. 그리고 채리티: 워터의 자선 취지에 공감하고 이를 알리는 데 도움을 줄 만한 분들을 생각해 보았다. 이번 일정뿐만 아니라 이전에 내가 기획하고 진행했던 행사에서 도움을 주신 분들도 초청 명단에 올렸다.

,

　본격적인 프로그램 시작 전, 볼룸 앞에서 리셉션을 진행했다. 참석자들 모두 서로 편하게 인사하고 자기소개를 할 수 있는 시간을 가질 수 있도록 했다.

　7시, 행사 시작 시간이 되었다. 참석자들을 볼룸 안으로 안내하고 식사를 준비했다. 식사가 끝나갈 무렵 행사 진행을 맡아주신 신아영 아나운서가 무대 위로 올라가 인사말을 전하며 본격적인 프로그램을 시작했다.

　진행자의 소개를 시작으로, 나와 이 자리를 가능하게 해준 매튜, 그리고 천그루숲의 백광옥 대표님이 짧게 인사말을 전하고 스캇의 '채리티: 워터' 이야기가 진행되는 형식이었다. 이때 스캇이 일방적으로 전달하는 강연 형식이 아닌 대화 형식으로 편하게 이야기할 수 있도록 준비했는데, 국내 방송에도 여러 번 출연하신 주한미국상공회의소American Chamber of Commerce 제프리 존스 의장께서 인터뷰를 진행해 주었다.

　"후원금의 100%가 직접 현장으로 전달되는 채리티: 워터의 철저하고 투명한 기부 모델은 기부금의 출처를 믿지 못했던 미국 사람들의 마음을 움직였습니다. 자신이 기부한 기부금으로 만들어

◆ '채리티: 워터 갈라 in Seoul' 행사 시작 전 볼룸 앞에서 리셉션을 진행했다. 참석자들 서로 편하게 인사하며 자기소개를 할 수 있는 시간을 가졌다.

진 우물을 GPS 좌표를 통해 확인하고, 그 물을 마시고 기뻐하는 사람들의 표정을 본 많은 분들이 후원을 계속해 주시고 있습니다. 눈에 보이는 것을 통해 자선의 가치를 증명해 내는 채리티: 워터는 전 세계 100만 명이 넘는 후원자들을 참여시켰고 물이 없어 병들고 고생하는 1천만 명을 살려냈습니다."

9

'채리티: 워터 갈라 in Seoul'에는 많은 연예인들도 함께해 주었다. S.E.S. 출신 바다 님은 몇 년 전 채리티: 워터 본사에도 방문할 만큼 재단에 대해 잘 알고 있었다. 이번 행사를 가능하게 해준 매

세상을 공부하다

튜의 아내인 배우 수현 님도 참석했다. 매튜의 초대로 이미 많은 자선활동을 하고 있는 가수 션 님, 몇 년 동안 알고 지냈던 샘 오취리와 그렉도 라디오 방송을 마치고 달려와 주었다. 최고의 강연가 김미경 선생님과 통역사이자 방송 MC로 활동하고 있는 안현모 님, 수식어가 필요 없는 최고의 K팝 아이돌이자 나의 소중한 동갑내기 친구 2NE1의 공민지도 함께해 주었다.

이번 행사에 스캇 다음으로 가장 많은 사람들이 만나고 싶어 했던 참석자는 당시 주한미국 대사였던 해리 해리스 대사였다. 지인의 소개로 주한미국대사관과 연결되었고, 미국의 유명 자선단체를 위한 갈라 디너에 모시고 싶다는 공식 초청 의사를 전달했다. 감사하게도 대사께서 초대에 응해 주었고, 나는 행사 직전까지 주한미국대사관과 꾸준히 연락하며 행사 관련 내용을 공유했다.

눈에 보이지 않는 경호팀의 완벽한 수행은 감탄할 만했다. 미군 4성 장군 출신 외교관은 딱딱한 모습일 거라는 예상과 달리 친절함과 프로그램 전체가 끝날 때까지 자리를 지켜주신 대사님의 인간적인 모습에 놀랐다.

'

많은 분들의 도움과 성원으로 '채리티: 워터 갈라 in Seoul'은 무사히 마무리되었다. 장식의 화려함, 참석자들의 명성보다 그 시간

◆ '채리티: 워터 갈라 in Seoul' 행사에는 바다, 수현, 션, 안현모, 공민지, 샘 오취리, 그렉 등 많은 유명인들이 함께해 주었다.

세상을 공부하다

과 공간에서 느껴진 관심, 열정, 선함, 그리고 감사함에 성공적인 행사가 되었다는 것을 느낄 수 있었다. 고등학교 2학년 때 처음 강연 행사를 기획하고, 그 후 약 10년 동안 다양한 행사와 모임을 기획해 봤지만, '채리티: 워터 갈라 in Seoul'은 내가 기획했던 행사 중 가장 성공적인 기획이었다.

공교롭게도 행사 이틀 후, 인천공항에서 코로나19 국내 첫 확진자가 나왔다. 그날로부터 3년 동안 우리의 일상이 얼마나 많이 바뀌었는지는 굳이 말할 필요가 없을 것이다. 그 후 사람들이 모이는 행사는 고려조차 할 수 없었고, '채리티: 워터 갈라 in Seoul'을 마무리하며 나는 앞으로 어떤 방향으로 나아가야 할지 새로운 고민을 시작하게 되었다.

'

존 리비가 자신의 책
《당신을 초대합니다》를 통해
이야기했듯이
연결을 통해 얻는 즐거움을 직접 체험하면서
더 많은 이들에게
새로운 세상을 연결해 주는 일을
계속 해야겠다고 다짐했다.

05

서울에서
인플루언서 디너를
진행하다

지금까지 강연뿐만 아니라 수많은 행사를 진행해 본 나는 가장 원활한 식사 자리를 마련할 수 있는 나름의 요령을 터득했다. 10명이 넘는 식사 자리는 자연스럽게 대화의 주제가 2개 이상으로 나뉘지고, 6명 이하의 자리는 대화의 소재가 다양하지 않을 수 있다. 물론 참석자가 누구냐에 따라 달라지겠지만, 내가 참여했던 여러 식사 자리에서는 이러한 현상을 자주 목격했다. 그래서 나는 8명이 참여하는 식사 자리가 가장 완벽한 구성이라 생각하고, 이 콘셉트에 충실한 모임을 만들고 있다.

나처럼 식사 자리를 통해 사람들과 교류하는 것을 좋아하는 사람이 바로 《당신을 초대합니다 You're Invited》의 저자인 존 리비다. 한국어판 출간 후, 그를 서울로 초청해 다양한 사람들과 만나는 자리를 만들었다. 마침 존이 방문했던 2021년 11월은 코로나19의 상황이 어느 정도 진정되어 모임 인원 제한이 10명까지여서 감사하게도 여러 인터뷰와 모임을 진행할 수 있었다.

’

대중 강연이나 큰 규모의 모임을 할 수 없었던 시기이다 보니 나는 나와 존이 좋아하는 식사 자리를 만들기로 했다. 가족과 함께 보내야 하는 추수감사절 주말에 시간을 내어 한국을 방문해 준 존에게 내가 좋아하는 사람들을 소개해 주고 싶어서 2박 3일 일정 중 두 번의 저녁 모임을 준비했다.

첫 번째 모임은 우리나라 최고의 스타 강사 김미경 선생님의 MKYU 사옥에서 이루어졌다. 먼저 김미경 선생님께서 연결해 주신 드로우앤드류를 초대했다. 존 리비의 《당신을 초대합니다》를 너무 좋게 봐주시고, 심지어 책의 내용에서 영감을 얻어 직접 모임까지 만드신 통역사이자 방송인 안현모 님도 이번 기회에 제대로 이야기를 나누고 싶었다. 그녀는 2년 전 '채리티: 워터 갈라 in Seoul' 행사에 참석해 주었는데, 100명의 손님을 맞이해야 하는 주최자이다 보니 긴 대화를 나누지 못했다. 안현모 님이 김미경 선생

세상을 공부하다

님의 팬이라고 했던 기억이 떠올라 이번 자리를 통해 두 분을 연결해 드리면 좋겠다고 생각했다.

그리고 유튜브에서 안현모 님을 인터뷰한 오영주 님의 영상을 보고 소개를 부탁했다. 연애 예능 프로그램 <하트시그널2>에 출연했던 오영주 님은 미국 UCLA 졸업생이자 글로벌 기업 마이크로소프트의 한국지사에서 근무한 이력으로 큰 주목을 받았다. 본격적으로 방송 활동을 시작한 그녀의 이야기도 궁금했다. 안현모 님의 소개로 성수동의 한 카페에서 만나 이야기를 나눈 후 영주 님도 식사 자리에 초대했다.

첫 모임은 6명이 함께 저녁 식사를 했다. 각자 서로 다른 분야에서 열심히 활동하고 있지만 접점을 만들기 쉽지 않았던 이들을 초대해 한자리에 모은 것이다. 모두 각자 나와 연결고리가 있는 사람들이, 같은 테이블에 둘러앉아 서로의 연결고리를 만드는 모습을 보며 나의 세상이 더 확장되는 느낌을 받았다. 내가 누군가를 연결해 주면 그들만 친해지는 것이 아니라, 나와 상대방의 관계도 더 가까워진다는 것을 알 수 있었다.

접점이 없는 이들을 연결하는 자리는 존 리비의 두 번째 저녁 모임에서도 계속되었다. 오랫동안 인연을 맺어온 한국에서 가장 영어를 잘하는 개그맨 김영철, 그리고 그와 오랫동안 라디오 방송을 함께한 타일러 라쉬를 먼저 초대했다. 또 유튜브를 통해 외국인에게 한국어를 가르치는 일을 오랫동안 해온 톡투미인코리안의 선현우 대표도 초대했는데, 그는 타일러와 친분이 있었다. '채리티: 워터 갈라 in Seoul'에서 진행을 해주신 신아영 아나운서와 동시통역을 맡아주신 최현진 통역사도 초대했다. 그리고 나의 오래전 행사에 참석했던 친구 ABC방송국의 이하경 PD까지 초대하며, 당시 최대 10명까지 모임이 가능했던 정부 방역 방침에 맞춰 내가 생각할 수 있는 가장 다양한 구성의 식사 자리를 만들었다.

,

되돌아보면 두 번의 저녁식사를 통해 수많은 새로운 인연이 연결되고 새로 태어났다고 생각한다. 2023년 1월에 뉴욕을 방문한 김미경 선생님은 존 리비가 주최하는 '인플루언서 디너'에 직접 참석했고, 그 자리의 경험을 3월에 방영한 tvN <어쩌다 어른> 강연에서 공유했다.

그 외에 두 번의 식사 자리에 참석한 분들이 따로 연락해서 만났다는 소식을 접할 때마다 너무 뿌듯하고 기쁘다. 존이 자신의 책 《당신을 초대합니다》를 통해 이야기했듯이 연결을 통해 얻는 즐거움을 직접 체험하면서 더 많은 이들에게 새로운 세상을 연결해주는 일을 계속 해야겠다고 다짐했다.

◆ 2023년 1월 뉴욕을 방문한 김미경 선생님은 존 리비가 주최하는 '인플루언서 디너'에 직접 참석했고, 그 자리의 경험을 3월에 방영한 tvN 〈어쩌다 어른〉 강연에서 공유했다.

(출처 : tvN 〈어쩌다 어른〉)

'

나에게 누군가를 소개받은 사람들이

나에게 묻는 질문이 있다.

'어떤 사람을 좋은 사람이라고

판단하는가?'

'어떤 기준으로

누구와 누구를 연결하는 게

좋겠다고 결정하는가?'

06

태영 님이
소개해 주는 분은
다 만나요

"저는 태영 님이 소개해 주는 분은 다 만나요."

내가 최근에 들었던 가장 기분 좋았던 칭찬이다. 이 멘트의 주인공은 바로 크리에이터 드로우앤드류이다. 유튜브 인터뷰를 인연으로 처음 만난 이후 나는 한국을 방문할 때마다 새로운 분을 소개해 주었다. 좋은 사람에게 다른 좋은 사람을 소개해 주면, 이들과 함께 어울리면서 즐거움은 배가된다.

앤드류 님은 나를 통해 만난 사람들에게서 긍정의 에너지를 많이 받는다며, 내가 소개해 주는 사람은 다 만난다고 했다. 물론 그가 좋은 에너지를 가진 사람이기에 나도 그를 믿고 소개해 주는 것이리라.

나에게 누군가를 소개받은 사람들이 나에게 묻는 질문이 있다.

'어떤 사람을 좋은 사람이라고 판단하는가?'

'어떤 기준으로 누구와 누구를 연결하는 게 좋겠다고 결정하는가?'

'

보통 사람과 사람을 연결할 때는 십수 년 간의 경험으로 쌓인 감(?)이 가장 크게 작동한다. 각각 어떤 성향인지, 무엇을 좋아하고 싫어하는지, 어떤 일을 하고 어떤 취미를 가지고 있는지, 만나서 교류할 때 서로 어울릴 만한 사람인지를 먼저 생각해 본다. 또 각자 공통된 접점이 있는지, 만나서 어떤 이야기를 주고받고 어떤 관계를 맺을 수 있는지 등 두 사람이 만났을 때의 순간을 머릿속으로 그려본다. 물론 누구에게나 당당하게 소개할 수 있는 좋은 사람인지, 나중에 부정적인 이야기가 나오지 않을 사람인지도 고려한다.

이 모든 것을 하나의 공식 또는 한마디로 정리하기는 어렵지만, 하나를 꼽으라면 '양측의 결'이 맞는지를 최우선으로 보는 편이다.

나는 그동안 이 공식을 활용해 무대에 올라가는 패널부터 저녁 식사 모임까지 수많은 사람들을 연결해 주었다. 물론 나는 다리를 놓는 역할이고 관계를 계속 이어갈지는 그 사람들이 결정할 일이다. 예상과 달리 결이 맞지 않아 관계가 이어지지 않은 사람들도 있었지만, 수많은 연결고리를 만들어 가면서 오차범위를 점점 줄여나가고 있다.

,

두 사람을 연결하는 것은 그저 두 사람이 만나는 것이 아니다. 이것은 각자 살아온 두 사람의 세상을 연결하는 것이다. 둘도 없는 친구가 되어가는 과정도 보았고, 이들이 함께 만든 재미있는 콘텐츠(유튜브 영상)가 수백만 명에게 노출되는 기적도 보았다. 이런 모습을 보면 뿌듯하고 나 또한 성장한 기분이 든다.

나 역시 이러한 연결을 통해 좋은 사람들을 얻는다. 이미 알고 지내던 사람들과 더 가까워지고, 나도 새로운 사람들을 소개받으며 인적 자원이 늘어난다.

나의 관계들을 더 돈독하게 만들면서 나의 세상을 확장하고 싶다면 지금 내가 가지고 있는 관계들을 점검해 보자. 지금 생각나는 여러 이름들 중 언제 어디서든 함께 시간을 보내도 즐겁고, 다른 사람에게 적극적으로 나의 친구라고 소개시켜 줄 수 있는 이가 있는가? 그들의 이름을 모두 적어보자. 누구에게라도 소개시켜 줄 수 있고, 부모님에게 나의 가장 소중한 친구라고 당당하게 소개할 수 있는 이들 말이다. 그리고 이들을 한자리에 초대해 함께하는 식사 자리를 만들어 보자. 가능한 서로는 모르는 사람들이 모일 수 있는 자리를 만들어 보는 것이다. 나에게 너무나 소중한 사람들이 함께 모여있는 모습을 생각하면 상상만으로도 너무 즐겁지 않은가?

세 명이 모여도, 열 명이 모여도 괜찮다. 나와는 잘 알지만 각자 서로는 모르는 사람들이 모이면, 모두 결이 비슷하다는 사실을 발견할 것이다. 그렇게 새로운 연결고리를 만들어 주고, 다음 만남에는 우리와 비슷한 결이 좋은 사람을 한 명씩 초대해 함께 만나자고 제안해 보자. 이렇게 만들어진 파급효과는 나에게 편안함을 안겨주는 새로운 인연을 만들어 주고, 기존의 관계들도 더 끈끈하게 만들어 줄 것이다.

2023년 여름, 잠시 서울에 온 나는 주변의 좋은 분들을 모아 서로 연결해 주는 자리를 만들었다. 약 30명의 참석자를 모으고 보니, 이들은 수백만 명에게 메시지를 전파할 수 있는 영향력을 가진 인플루언서들이었다. 서로 영상 속에서만 봤던 분들이 한자리에 모여 서로를 깊게 알아가는 모습을 보며 다시 한 번 연결의 즐거움을 얻을 수 있었다.

◆ 나와는 잘 알지만 각자 서로는 잘 모르는 사람들이 모이면, 모두 결이 비슷하다는 사실을 발견하게 된다.

Part 4

세상을
발견하다

6

그 자리에서는 태국의 사회기반시설,

홍콩의 금융, 말레이시아의 경제,

싱가포르의 문화에 대해

이야기를 나누고 있었다.

한 테이블에서 이렇게 다양한 주제로

대화를 주고받는다는 사실이 놀라웠다.

이들이 너무나 자연스럽게

여러 국가와 문화에 대한 소식과

자신의 견해를 이야기하는 모습을 보며

나의 머릿속이 복잡해졌다.

01

내가 아는 세상이
이렇게 좁다니

———

2019년 9월, 여느 날과 다름없이 아침에 일어나 이메일을 확인하던 중 평소였다면 지나쳤을 광고 메일 하나를 발견했다. 대학 졸업 후 동문회에서 보내는 소식지였다. 그동안 제대로 읽어본 적이 거의 없었는데, 이번에는 왠지 열어보고 싶었다. 아래로 읽어 내려가다 컨퍼런스 소식에 손이 멈췄다.

뉴욕대학교의 동문들이 세계 곳곳에서 활동하고 있다는 사실은 알고 있었지만, 이들이 매년 한자리에 모여 컨퍼런스를 진행한다는 것은 처음 알았다. 바로 다음 달, 싱가포르에서 아시아 졸업생들이 만나는 컨퍼런스가 열린다는 내용이었다. 당시 서울에 있던 나는 '재밌겠네'라고 생각하며, 그 내용을 꼼꼼히 살펴봤다.

토요일 반나절 동안 진행되는 컨퍼런스에는 아시아 곳곳에서 활약하고 있는 성공한 졸업생들의 강연과 식사 자리가 준비되어 있었다. 특히 최근 졸업생에게는 일반 티켓의 반값으로 제공한다고 했다. 호기심이 생긴 나는 다른 인터넷 창을 열어 싱가포르행 비행기 티켓을 검색하기 시작했고, 몇 분이 채 지나지 않아 항공권과 숙소 예약까지 마무리했다.

,

2019년 10월 12일 토요일, 간단하게 점심을 먹은 후 숙소에서 양복을 차려입고 싱가포르의 최고급 호텔 샹그릴라로 향했다. 약 1년 전 미국 트럼프 대통령과 북한 김정은 국무위원장의 역사적인 첫 북미정상회담이 싱가포르에서 진행됐을 때, 트럼프 대통령과 미국 측 대표단이 묵었던 호텔이다. 역사적인 공간을 좋아하는 나는 천천히 주변을 둘러보며 입구로 향했다. 현관에 들어서자 미국 성조기와 뉴욕대학교의 보라색 배너가 나를 반겨주었다.

컨퍼런스를 예약하며 걱정이 하나 있었는데, 또래 동문들이 얼마나 참석할까 하는 생각이었다. 어느 정도 사회적 지위에 오른 졸업생들은 동문 모임을 많이 찾지만, 최근의 졸업생들은 바쁘기도 하지만 얻을 것이 없다는 판단에 참석률이 저조할 것이라고 생각

했다. 연회장 입구에 들어서자 역시 나의 예상대로였다. 참석자의 대부분이 40대 혹은 50대였다.

공식 프로그램을 시작한다는 안내와 함께 참석자들은 자리에 앉기 시작했고, 나는 두리번거리다 익숙한 얼굴을 발견했다. 대학 때 한두 번 마주쳤던 한국인 후배가 싱가포르에서 일하면서 행사에 참석했던 것이다. 덕분에 비교적 젊은 동문들이 모여 있는 테이블에 앉을 수 있었다. 후배는 같은 테이블에 앉은 친구들을 소개해 주었다.

그때 반갑게 인사를 나눈 로날드는 인도네시아에서 태어나

NYU를 졸업한 후 글로벌 금융회사의 싱가포르 지사에서 일하고 있었다. 홍콩 출신의 아드리안과도 인사를 나누었는데, 그도 세계적인 투자은행의 싱가포르 지사에 근무하고 있었다.

　강연 중간중간 휴식 시간에 우리는 행사장을 돌며 새로운 동문들과 인사를 나누었다. 모든 강연 행사가 끝나고 단체사진 촬영을 마친 후 나는 로날드와 아드리안과 함께 저녁 식사를 할 테이블을 찾았다. 여기서 중국에서 온 리나와 싱가포르에서 태어나고 자란 지키까지 합류하며 5명이 함께 테이블에 앉았다.

,

졸업한 지 얼마 안 되고 출생지도 제각각 다른 졸업생 5명이 모이다 보니 우리는 자연스럽게 서로의 배경과 대학 생활을 떠올리며 공통점을 찾아갔다. 재미있는 대화에 집중하던 나는 오른쪽 자리에 누군가가 앉는 것도 보지 못했다. 로날드가 인사를 하길래 고개를 돌려보니 도쿄에서 온 일본인 친구가 자기소개를 하며 변호사 명함을 나눠주었다. 로날드는 명함을 보자마자 그 친구와 반갑게 일본어로 이야기를 나누기 시작했다.

"너 방금 여기 직원 분에게 중국어로 음식 주문하지 않았어? 어떻게 일본어도 해?"

나는 놀라서 물었다. 인도네시아 출신의 로날드가 중국어뿐 아니라 일본어까지 한다는 사실에 너무 놀랐다. 그는 웃으며 대학 시절 일본인 친구와 친해져 일본어를 공부하게 되었다고 말했다.

나는 테이블에 앉은 한 명 한 명을 다시 꼼꼼히 보며 그들이 몇 개 국어를 하는지 살펴봤다. 동남아시아 출신 동기들은 모국어와 함께 영어와 중국어를 배우고, 학교에서 다른 외국어도 공부한다고 했다. 특히 4가지 언어를 공식적으로 사용하는 싱가포르에서는 여러 나라 언어를 구사하는 것이 그다지 특별하지 않았다.

옆 테이블에는 우리보다 나이가 좀 더 많은 졸업생들이 앉아 있었는데, 테이블을 연결해 중국의 투자자부터 태국의 건설업 종사자까지 다양한 분야의 업계 이야기를 들으며 또다시 큰 충격을 받았다. 그 자리에서는 태국의 사회기반시설, 홍콩의 금융, 말레이시아의 경제, 싱가포르의 문화에 대해 이야기를 나누고 있었다. 한 테이블에서 이렇게 다양한 주제로 대화를 주고받는다는 사실이 놀라웠다. 이들 모두는 더 넓은 세상에 대해 큰 흥미를 가지고 있었다. 이들이 너무나 자연스럽게 여러 국가와 문화에 대한 소식과 자신의 견해를 이야기하는 모습을 보며 나의 머릿속이 복잡해졌다.

한국과 미국을 오가며 여러 가지 다양한 행사를 진행하고 세계 각국에서 온 사람들과 만나며 내 마음 한편에는 나름 글로벌한 인

재라는 자부심을 가지고 있었다. 주변에서도 나를 '글로벌 인재'라고 치켜세워 주었고, 나도 한 국가에 얽매이지 않고 세계 곳곳을 누비며 일하는 미래의 내 모습을 꿈꾸었다. 하지만 그날 저녁 컨퍼런스에 참석하며 내가 얼마나 뒤처져 있었는지 깨달을 수 있었다.

물론 한국과 미국에서도 다양한 문화권의 사람들을 만나며 글로벌 이슈에 대한 이야기를 나누었지만, 이번 대학 동문 행사에서 만난 너무나 유능한 또래 동기들을 보며 나의 시각은 완전히 바뀌었다. 그들은 내가 생각했던 것보다 훨씬 더 글로벌한 세상에 살고 있었고, 이들에게는 그런 세상이 너무 자연스러웠다.

,

동문 행사를 마치고 숙소로 돌아가는 길에 나는 많은 생각에 잠겼다. 지금 20~30대의 우리들이 2050~2060년대에는 사회의 주축이 되는 50~60대가 될 것이다. 그때가 되면 세상은 지금보다 더 촘촘하게 연결될 것이고 우리는 세계 곳곳의 수많은 인재들과 교류하며 경쟁해야 한다. 하지만 너무나 기울어진 운동장에서 경기를 시작한다는 생각이 들었다. 더욱 무서운 것은 내 주변의 많은 사람들이 아직도 이런 세상이 존재한다는 사실조차 모르고 있다는 것이다.

원래 컨퍼런스를 마치고 다음 날 바로 귀국할 예정이었던 나는

일정을 며칠 더 미루고, 그날 만났던 4명의 친구들에게 다시 한 번 만나자고 청했다. 싱가포르 출신의 지키는 낮부터 시간을 내어 클라크 키^{Clarke Quay} 지역을 구경시켜 주었고, 오후에 나머지 3명이 합류해 오차드 로드 근처의 식당에서 만나 저녁 식사를 함께하며 많은 이야기를 나누었다.

2023년 7월, 나는 다시 싱가포르로 향했다. 4년 전 내가 세상을 바라보는 관점을 완전히 바꿔준 곳에서, 나에게 신선한 충격을 안겨줬던 그 친구들을 다시 만났다. 아쉽게도 2명은 만나지 못했지만, 싱가포르 출신의 지키와 인도네시아 출신의 로날드가 시간을

세상을 공부하다

내주었다.

자리에 앉아 대화를 시작하는 순간, 나는 4년 전 느꼈던 놀라움의 시간으로 다시 빠져들었다. 이들과의 대화는 내가 평소에 듣고 참여하던 이야기와는 차원이 달랐다. 나는 이들에게 각자 자란 나라에서 어떤 교육을 받았는지 물었다.

4개의 공식 언어를 사용하는 싱가포르는 학교에서 대부분의 수업을 영어로 진행한다고 한다. 다만 다문화 국가이다 보니 학생들이 모국어를 공부하는 수업이 따로 있다고 한다. 말레이시아계 학생들은 말레이 수업을, 중국계 학생들은 중국어 수업을, 인도계 학생들은 타밀어 수업을 학교에서 제공한다. '2개 국어 교육 정책'을 시행하는 싱가포르에서 자라면 자연스럽게 2개 이상의 언어를 습득하게 되는 것이다.

로날드는 자신이 자란 인도네시아에서도 영어와 바하사(인도네시아의 공식 언어)를 함께 배운다고 했다. 로날드의 부모님은 인도네시아에서 활동하거나 특히 사업을 하려면 바하사를 완벽하게 구사할 줄 알아야 한다며 어릴 때부터 집중적으로 공부를 시켰다고 한다. 또 경제적으로 밀접한 중국어도 공부했고, 대학 시절에는 일본 문화에 푹 빠져 일본어도 혼자 배웠다고 했다.

최근에는 가수 아이유를 접한 후 한국어도 배우고 싶다는 말에 나는 웃으며 "대체 언어를 몇 개나 하려고 하느냐?"고 물었다. 그는 "어릴 때부터 여러 가지 언어로 대화하는 것을 놀이처럼 즐기다 보니 지금도 새로운 언어를 접하는 것이 재밌다"고 답했다.

요즘은 한국의 부모님들도 아이들이 어린 시절, 심지어 유치원을 다니기 전부터 영어를 가르치려고 애쓴다. 하지만 과연 얼마나 많은 한국인들이 자신 있게 영어를 구사할 수 있을까? 두 친구와 이야기를 나누며, 싱가포르와 인도네시아의 교육 시스템이 어떻게 2개 이상의 언어를 자연스럽게 구사하는 학생들을 양성하는지 조금이나마 알 수 있었다.

,

지금까지의 세상은 미국을 중심으로 돌아가다 보니 미국과 다른 나라들의 경제적·사회적 격차가 크게 벌어졌다. 하지만 앞으로 우리가 살아갈 세상은 중국의 거대한 인구와 기술력, 세상의 공장이 되고자 하는 동남아시아 국가들의 치열한 경쟁, 미래를 설계하는 중동 국가들의 상상을 초월하는 자본력, 풍부한 자원과 빠른 성장을 적극적으로 활용하는 아프리카 국가들, 그리고 연합을 통해 더 주체적인 정체성을 만들어가는 유럽 국가들과 공존해 나가야 한다.

우리는 이미 세계화된 세상에 살고 있다. 또 우리가 잘 알지 못하는 나라에서 일어나는 일들로 인해 우리의 경제, 사회, 그리고 일상까지 영향을 받게 된다. 이처럼 세계 곳곳에서 진행되는 변화와 성장을 그때그때 파악하지 못하면 수많은 기회를 놓치게 될 것이다. 싱가포르에서 친구들과 만나 대화를 나누면서 앞으로 더 큰 세상을 공부하기 위해 부단히 노력하고, 이를 더 많은 사람들에게 알려야겠다고 다짐했다.

,

글로벌 인재가 된다는 것은

우리나라만을 위해 지식을 쌓고

사용하는 것이 아니라,

범인류적인 시각을 가지고

인류를 이롭게 하는 것이다.

02

글로벌 시민이
된다는 것

———

대학 시절부터 한국과 미국을 오가며 다양한 행사를 기획한 나는 자연스럽게 양국 관계에 많은 관심을 가지고 있었다. 특히 우리 세대는 2007년 반기문 총장님이 제8대 유엔 사무총장으로 취임하신 후 유엔에 대한 동경을 가지고 세계적인 인재가 되려는 꿈을 키웠다. 나는 가족 여행과 학교 견학 프로그램 등으로 뉴욕의 유엔 본부를 여러 번 방문했고, 중학생 때는 유엔 본부에 걸려 있는 반기문 사무총장님의 사진 옆에서 사진을 찍기도 했다. 그리고 뉴욕에서 대학을 다닐 때에는 반기문 총장님을 직접 만날 기회도 여러 번 있었다.

，

학교에서 정치외교를 공부하지는 않았지만, 나는 인턴 활동을 통해 외교 분야를 경험할 수 있었다. 1957년 한미 친선 비영리재단으로 설립된 코리아 소사이어티Korea Society에서 기획팀 인턴을 구한다는 공고를 보고 바로 지원했다. 학업과 병행하며 인턴을 할 수 있게 배려를 해줘서, 수업이 일찍 끝나는 날 출근할 수 있도록 일정을 맞췄다.

그곳에서 처음으로 준비한 행사는 뉴욕의 주요 한인 리더들을 초청한 칵테일 파티였다. 정·재계 리더들은 물론 사회·문화·언론 등 다양한 분야의 전문가들이 모이는 자리였다. 나는 이 행사에서 꼭 만나고 싶은 한 분이 있었는데, 바로 오준 당시 유엔 대사님이었다. 행사를 진행하기 얼마 전에 유엔 안전보장이사회 회의에서 "남한 사람들에게 북한 주민들은 그냥 아무나가 아니다"라는 말과 함께 즉흥적으로 연설한 내용이 큰 화제가 되었다. 나는 그분을 직접 만나 유엔과 외교에 대해 질문하고 싶었다.

직접 만난 대사님은 의외로 소탈하고 친절하셨다. 대학생인 나에게도 직접 연락하라며 명함을 주었다. 나는 나중에 학생들을 대상으로 강연을 기획하면 꼭 연사로 모시고 싶다고 말씀드렸다. 그리고 1년 후 뉴욕에서 개최한 재미한인대학생컨퍼런스KASCON와

세상을 공부하다

2년 후 해외에서 공부하는 한국인 유학생을 대상으로 서울에서 진행했던 CNH 포럼에 연사로 참석해 주셨다. 오준 대사님은 임기를 마칠 때 유엔 대한민국 대표부에서 주최한 퇴임 기념행사에 나를 초대해 주셨고, 지금도 내가 한국을 방문할 때마다 한 번씩 찾아뵙고 인사를 드리고 있다.

,

2023년 초 서울을 방문했을 때 대사님께 연락드리니 커피 한 잔 하자고 초대해 주셨다. 지금은 세이브더칠드런코리아의 이사장으로 계시는데, 대사님(나에게는 대사님이라는 호칭이 더 편하다)은 나에게 <세계시민>이라는 잡지의 창간호를 선물했다. 잡지에는 반기문 총장님과 오준 대사님을 포함해 세계 무대에서 활동하는 여러 리더 분들의 인터뷰와 글이 담겨 있었다.

<세계시민>이라는 제목을 보자 싱가포르에서 만났던 친구들과의 이야기가 생각났다. 1978년 외교부에 입부하신 후 2016년 유엔 대사 퇴임까지 약 40년간 외교관으로 활동하면서 얼마나 많은 글로벌 리더들을 만나셨을까? 특히 유엔 대사로 재직하실 때는 각국의 대통령, 총리, 장관, 대사, 기업 총수, 회장 등 지구상에서 가장 영향력 있는 인물들을 매일같이 접했을 것이다. 그래서 나는 대사님이 생각하시는 글로벌 인재의 정의가 무엇인지 물었다.

◆ 코리아 소사이어티에서 처음 인사를 드린 오준 전 유엔 대사님은 내가 기획한 행사에
여러 번 연사로 함께해 주시며 귀한 인연을 이어가고 있다.

세상을 공부하다

나의 질문을 받고 대사님의 입가에 미소가 번졌다. 어쩌면 그 질문에 대한 답이 내가 들고 있는 잡지에 실려 있어서였는지도 모른다. 대사님은 "모든 인간을 한 개인으로 바라보고 존중하는 것이 중요하다"는 이야기로 말씀을 시작하셨다.

　"우리 모두가 가진 보편적인 권리가 인권이고, 이를 침해하는 요소들을 모두 함께 제거해 나가도록 노력해야 한다. 이와 함께 자신이 한 국가의 시민임과 동시에 세계의 시민이라는 사실을 인지하는 사람이 진정한 글로벌 인재라고 생각한다."

　나는 한국에서 살아가는 우리 세대가 많이 뒤처져 있는 것 같다고 했더니, 대사님은 "글로벌 인재가 된다는 것은 우리나라만을 위해 지식을 쌓고 사용하는 것이 아니라, 범인류적인 시각을 가지고 인류를 이롭게 해야 하는 것"이라고 말씀하셨다. 한 국가를 위한 노력도 중요하지만, 인류가 힘을 모아 전 세계의 문제를 함께 해결하고자 노력해야 한다는 말씀에 그동안 답답했던 고민이 많이 해소되는 느낌이었다.

'

너희 세대는 앞으로 커리어를
다섯 번은 바꾸게 될 것이다.
그 변화를 준비하기 위해서,
특히 더 큰 세상에서 활동하기 위해서는
지금 네가 속해 있는 세상의
바깥에 존재하는 사회에 대해
적극적으로 공부해야 한다.

03
양손잡이가 되어야
살아남을 수 있는 세상

2014년 1월, 우연히 KBS TV <글로벌 리더의 선택>이라는 다큐멘터리를 보게 됐다. 세계 곳곳을 누비며 인류의 미래를 위해 기여한 대한민국 리더 3명의 이야기였는데, 그중 세 번째 편을 보았다. '랜덤하우스 사장'이라는 타이틀을 듣고 나는 돌리던 채널을 멈췄다. '그 유명한 출판사 랜덤하우스 사장이 한국인이었어?'라는 궁금증과 함께 '세계출판협회 회장'이라는 직책을 듣고 채널을 고정했다. 세계출판협회가 뭘까? 그곳의 회장이면 출판계의 유엔 사무총장 같은 건가?

세계 최대 출판 기업 엘스비어의 회장이자 세계출판협회 회장이었던 지영석 회장님은 매년 200회 넘게 비행기를 타고 전 세계를 돌며 지구상에서 가장 영향력 있는 인물들을 만나고 있었다. 내가 꿈꿔왔던 진정한 글로벌 비즈니스맨의 모습에서 나는 눈을 뗄 수 없었다. 더구나 회장님은 내가 너무 잘 아는 고등학교를 졸업하신 분이었다. 심지어 세계 곳곳에서 성장하는 수백 명의 후배들에게 멘토 역할을 하고 있었다. 나도 이분을 멘토로 삼고 싶었다.

방송을 본 다음 날, 회장님의 이메일 주소를 찾아 바로 메일을 보냈다. 그리고 신기할 정도로 빨리 답장을 받았다. 런던에서 주로 거주하시는 회장님은 뉴욕에서 대학을 다니는 나를 자주 만나기 어렵기 때문에, 멘토 관계를 맺고 유지하기가 어려울 것 같다는 답변이었다. 아쉬웠지만 언젠가는 꼭 회장님을 직접 만날 기회가 있을 거라고 생각했다.

,

그리고 1년 후, 오준 유엔 대사님을 만났던 코리아 소사이어티에서 진행하는 연례 만찬 행사에 지영석 회장님이 참석하신다는 소식을 접했다(당시 지영석 회장님은 코리아 소사이어티의 이사회 이사로 활동하고 있었다). 나는 당시 인턴으로 일하고 있었는데, 행사 당일 만찬 참석자 명단을 인쇄하면서 회장님의 이름을 발견하고 나도 모르게 환호를 질렀다. 그리고 다시 한 번 용기를 내어 회장님

세상을 공부하다

께 메일을 보냈다.

"회장님 안녕하세요. 작년 KBS 방송 이후 연락드렸던 NYU 학생 우태영입니다. 제가 작년부터 코리아 소사이어티에서 인턴을 하고 있는데, 오늘 만찬 행사에 오신다고 해서 연락드립니다. 행사 이전에 이메일을 확인하실지 모르겠지만 혹시나 보신다면 꼭 인사드리고 싶습니다."

이메일 발송 10분 후에 짧은 답변이 왔다.

"좋아요. 6시 30분에 도착할 예정이에요."

과연 제정신으로 행사 준비를 했는지 기억이 나지 않았다. 회장님을 직접 만나서 어떻게 인사를 드릴지, 무슨 말을 하고, 어떤 질문을 할지 머릿속에 온통 그 생각뿐이었다. 일하면서도 혼자 중얼거리던 나를 발견한 인턴 동기가 내 등을 툭 치며 정신 차리라고 말했을 정도로 나는 회장님과 만날 기대에 한껏 부풀어 있었다. 하지만 6시 30분이 되어도 회장님은 나타나지 않았다.

공식 행사가 시작되면 모두 지정된 자리에 앉아서 식사를 하기 때문에 진행 요원이 다가가서 인사드리기가 어렵다. 행사 시작 전에 인사를 드려야 한다고 생각하던 찰나에 머릿속에 전구가 켜졌다. 이사회 분들은 VIP 대기실에 계신다고 했다. 스태프 명찰을 가지고 있는 나는 VIP 대기실에 들어갈 수 있었다. 나는 바로 VIP 대기실로 달려가 지영석 회장님을 발견하고, 천천히 다가가 인사를

◆ 세계 최대 출판 기업 엘스비어의 지영석 회장님은 내가 가장 존경하는 분 중의 한 분으로, 회장 님이 말씀해 주신 '양수능숙'이라는 단어는 오랫동안 내 머릿속에 남아 있는 소중한 단어이다.

세상을 공부하다

드렸다.

"네가 태영이구나!"

1년 전 방송에서 접한 그분이 나의 이름을 불러주자 신기할 따름이었다. 무작정 멘토가 되어달라고 요청하는 것보다 이렇게 먼저 인사를 드릴 수 있어서 다행이었다. 나도 고등학교를 기숙학교에서 생활했다는 점, 지금은 뉴욕대학교에 다니고 있다는 점, 코리아 소사이어티에서 인턴을 하고 있다는 점 등 회장님과 접점이 될 만한 이야기를 최대한 많이 꺼내며 언젠가 꼭 강연 요청을 드리고 싶다는 말로 첫인사를 마쳤다. 이때의 기약 없는 강연 섭외 요청이 몇 달이 지나 현실이 될 줄은 상상도 못했다.

2016년, 내가 뉴욕에서 기획하고 진행했던 재미한인대학생컨퍼런스KASCON는 27번째로 진행된 것이지만 30년의 역사를 지닌 행사였다. 1987년에 프린스턴대학교에서 처음 시작한 컨퍼런스는, 인터넷도 휴대폰도 없던 시절 미국에서 공부하는 한인 대학생들이 모여 친목을 쌓고 문화와 정체성에 대해 이야기할 수 있는 거의 유일한 행사였다. 1990년대가 되면서 전국적인 규모로 커진 이 행사는 2000년대에 정점을 찍으며 약 1천 명의 학생들이 미국 전역에서 참여했다. 하지만 SNS의 등장과 함께 2010년대에 접어들며 인기가 시들해지더니 2013년을 마지막으로 행사가 중단되었다. 그리고 2016년 이 행사의 부활을 내가 다시 기획하게 되었다.

제27회 KASCON을 기획하면서, 1987년 제1회 컨퍼런스는 어떻게 진행되었는지 당시 자료들을 검토하다 깜짝 놀랄 이름을 발견했다. 제1회의 첫 연사가 바로 지영석 회장님이었다. 이 행사의 산증인이신 회장님을 내가 준비하는 27회 행사에 다시 연사로 모시고 싶어서 그 점을 강조하며 초청 메일을 보냈다. 회장님은 일정을 확인해야 하지만 최대한 참석할 수 있도록 하겠다는 답변을 주었다. 나는 그 메일을 받자마자 환호성을 지르며 함께 준비하는 친구들에게 전화로 알렸다.

'

행사 당일, 오프닝 무대에 올라 첫 연사로 회장님을 소개했던 순간이 마치 어제 일처럼 지금도 생생하다. "내가 멘토로 삼고 싶었지만 거절하셨던 분"이라고 지영석 회장님을 소개하며, "이번 컨퍼런스를 계기로 나의 멘토가 되어주셨으면 하는 개인적인 바람이 있다"고 소심하게 나의 바람을 이야기했다.

무대 위로 올라온 회장님은 "내가 오늘 하는 다른 이야기는 다 잊어도 이 단어 하나만은 기억하라"며 'ambidexterity', 즉 양수능숙을 강조했다. "양손잡이가 되어야 한다"라는 메시지를 여러 번 반복하셨는데, 몇 년이 지나도 그 단어가 잊혀지지 않았다. 이 글을 쓰며 회장님의 메시지를 제대로 전달하기 위해 강연을 들은 지 7년이 지난 올해(2023년) 회장님께 전화를 걸어 다시 여쭤봤다.

"회장님, 7년 전에 말씀하셨던 그 단어가 잊혀지지 않는데 다시 한 번 설명해 주실 수 있을까요?"

회장님은 벌써 7년이나 됐냐며 'ambidexterity'에 대해 다시 설명해 주셨다.

"세상은 꾸준히 그리고 빠르게 변화하고 있는데, 옛것을 계속 붙들고 있는 사람은 한손잡이다. 기존의 방식을 완전히 무시하고 새로운 것만 잡는 사람 또한 한손잡이다. 양손잡이가 되려면 옛것을 놓지 않고 새로운 것을 잡을 수 있는 능력을 키워야 한다."

무언가는 감소하고 무언가는 성장할 때 그 교차의 순간을 파악하고 잘 관리해야 한다는 것이다. 업계 트렌드를 따라가는 기업에 적합한 이야기지만, 성장하고자 하는 개인에게도 꼭 필요한 조언이라고 생각했다.

"그렇다면 '한 가지만 잘해'라는 조언은 틀린 건가요?"라는 질문에는 단호하게 선을 그었다.

"자신이 정말 잘하는 한 가지는 꼭 가지고 있어야 하지만 언젠가는 잘하는 그 하나가 반드시 위협을 받을 테니 그것을 잘 넘길 줄 알아야 한다"고 말씀하셨다.

처음부터 양손잡이가 되는 것이 아니라, 전환점을 맞이할 때 그 변화를 잘 인지하고 양수능숙해야 한다는 것이다.

,

되돌아보면 나는 '기획'이라는 일을 꽤 오랫동안 열심히 파고들며 실력을 갈고닦았다. 10년 동안 강연 및 행사 기획을, 5년 동안 출판 기획을 해왔다. 코로나19라는 전대미문의 위기가 다가와 대면 모임이 불가능할 때, 강연과 출판만으로 생활하기 어려운 현실에서도 나는 '기획'의 영역을 놓지 않고 새로운 분야의 사업에 도전했다. 바로 미국에서 병원비를 검색할 수 있는 서비스를 제공하는 IT 스타트업이다. 이 스타트업은 기존에 내가 했던 기획과는 완전히 다른 새로운 영역이었지만, 2가지 중 하나만 잡지 않았다. 성공 여부는 훗날이 되어서야 알 수 있겠지만, 아직 능숙한 양손잡이는 아니더라도 한손잡이가 되지는 않으려고 노력하고 있다.

회장님은 9년 전 방영된 다큐멘터리에서도, 7년 전 내가 기획한 무대에서도, 얼마 전 통화에서도 같은 말씀을 강조했다.

"너희 세대는 앞으로 커리어를 다섯 번은 바꾸게 될 것이다. 그 변화를 준비하기 위해서, 특히 더 큰 세상에서 활동하기 위해서는 지금 네가 속해 있는 세상의 바깥에 존재하는 사회에 대해 적극적으로 공부해야 한다."

그래야 다음 세상으로 넘어갈 기회를 붙잡을 수 있다는 것이다. '글로벌 인재'가 되고자 하는 이들 모두가 새겨들어야 할 이야기다.

‚

"How can I help?"

10년 넘게 미국 곳곳에서

네트워킹 행사에 참석했을 때

가장 많이 들었던 말이다.

04

리더는 도움을
주는 사람

내가 현재 회원으로 참여하고 있는 미주한인위원회^{CKA, Council of} Korean Americans는 미국 주류 사회에서 성공한 한인 리더들이 대거 활동하고 있는, 미국 내 한인 사회의 목소리와 영향력을 키우고자 설립된 비영리재단이다.

나는 재미한인대학생컨퍼런스^{KASCON}에 김용 당시 세계은행 총재님을 꼭 초청하고 싶었다. 워싱턴DC에서 미주한인위원회가 진행하는 연례 만찬에 김용 총재님이 참석한다는 소식을 접하고 바로 단체장에게 연락했다. 대학생으로서 참가비가 부담스러운데, 저렴하게 참가할 수 있는 방법이 없을지 문의했다. 감사하게도 단체장은 나뿐만 아니라 우리 컨퍼런스 기획팀 친구들까지 모두 무료로 행사에 참석할 수 있게 해주었다.

가장 저렴한 새벽 시간대 버스를 타고 워싱턴DC로 이동해 샌드위치로 점심을 해결한 우리는 턱시도와 드레스를 입고 그날 밤 만찬 행사에 참석했다. 그리고 김용 총재님을 찾아가 직접 인사하고 우리가 개최할 컨퍼런스에 대해 말씀드렸다. 일정상 직접 방문하기 어려웠던 총재님은 인사말을 영상에 담아 보내주셨고, 우리는 그 영상과 함께 컨퍼런스를 시작할 수 있었다.

'

그 후 약 6년 동안 나는 게스트 자격으로 미주한인위원회의 여러 행사에 참석하며 임직원들과 친해졌다. 그리고 뉴욕에서 사업을 시작한 후에는 바로 정식 회원을 신청했다. 정식 회원이 되기 위해서는 이 단체에 참여하고 싶은 이유와 기여할 수 있는 방법에 대해 글을 쓰고, 2명의 기존 회원에게 추천서를 받아야 했다.

미주한인위원회의 연례행사는 오전과 오후에는 전문가들의 강연과 패널 프로그램, 저녁에는 호텔 볼룸에서 화려한 만찬으로 진행된다. 대기업 임원, 유명 대학 교수, 정부 고위급 인사 등 미국에서 가장 영향력 있는 한인 리더들이 대거 모이고, 이들과 대화를 나누다 보면 미국과 한국뿐만 아니라 전 세계 곳곳의 현황을 접할 수 있다.

　보통 이런 행사는 무대에서 진행되는 공식 프로그램이 끝나면 자연스럽게 참석자들이 서로 인사하고 대화할 수 있는 시간을 가진다. 강연 프로그램의 연사들에게서도 많은 것을 배울 수 있지만, 회원들과 직접 이야기를 나누는 과정에서 더 큰 도움을 얻기도 한다. 이번 연례행사에서도 모든 프로그램을 마친 후 1시간 정도 회원들과 자유롭게 대화할 수 있는 리셉션 시간이 마련되었다. 나는 먼저 같은 테이블에 앉은 사람들에게 간단히 자기소개를 했다.

　"저는 뉴욕에서 의료 데이터 스타트업을 운영하고 있는 우태영입니다. 현재 CKA 회원 승인을 기다리고 있습니다."

　이 단체와의 연관성을 강조하기 위해 현장에서 반복했던 자기소개 멘트였다. 아무래도 단체는 회원 간의 관계를 가장 중요하게 여기기 때문에 회원 신청을 했다고 하면 표정이 조금이라도 더 밝아진다. 사업을 시작한 지 얼마 안 되었고, 곧 회원이 될 거라고 하자 더욱 반겨주었다. 그리고 신기하게도 많은 분들에게서 같은 이야기를 들었다.

　"How can I help?(내가 도움이 될 것이 있을까요?)"

　10년 넘게 미국 곳곳에서 네트워킹 행사에 참석했을 때 가장 많이 들었던 말이다. 나는 이 질문을 받으면 상대방이 하는 일과 배경에 대해 간략하게 질문하고, 나의 고민이나 풀어야 하는 과제

에 대해 조언을 구한다. 지금 어떤 상태이고 다음 단계로 성장하기 위해 무엇이 필요한지 적극적으로 설명하고 도움을 요청한다. 그러면 많은 사람들이 기꺼이 손을 내밀어준다. 특히 회원들의 참여가 핵심인 단체의 행사 자리에서는 자신의 명함을 건네며 나중에 연락하면 도와주겠다고 말하는 분들도 많다.

　누군가에게 도움을 줄 때, 우리는 자연스럽게 나에게 돌아올 이익을 생각한다. 《기브 앤 테이크》의 저자인 애덤 그랜트 교수는 이런 사람들을 '매처matcher'라고 부른다. 공평함을 중요시하며 받는 만큼 주는 사람이다. 그런데 지금까지 내가 만났던, 누가 봐도 성공했다고 할 수 있는 사람들은 스스럼없이 도움을 주고 싶어 했

　　　　　　　　　　　　　　　　　세상을 공부하다

다. 이들이 바로 '기버giver'이다. 자신이 받는 것보다 타인의 이익을 더 중요시하는 '기버'는 심지어 자신의 노력이나 비용을 아까워하지 않고 아무런 대가도 바라지 않는다. 지금까지 내가 만난 성공한 리더이면서 좋은 사람들을 되돌아보면 모두 이 '기버'의 모습을 보였다.

9

우연히 같은 테이블에 앉은 한 분은 바이든 대통령이 이끌던 백악관 코로나19 대응팀 소속이었다. 미국 정부와 관계를 맺고 정부부처와 함께 일을 진행하고 싶다고 하자, 바로 휴대폰을 꺼내 누구누구가 가장 적합할 테니 연락해 보라며 처음 만난 나에게 담당자를 소개해 주었다. 그 순간 느낀 감사함은 이루 말할 수 없었다. 어쩌면 그들도 누군가의 적극적인 도움으로 지금의 위치에 있는 것이고, 그 연장선상에서 나에게 베푸는 것이 아닐까 생각했다.

이런 행사장에서는 참석한 사람들과 이야기를 나눌 수 있는 것만으로 엄청난 도움이 된다. 무대에서 패널 형식으로 진행되는 프로그램은 일방적인 강연보다 자연스럽지만, 아무래도 주어진 질문에 답하다 보니 솔직하고 편안한 대화를 기대하기는 어렵다. 그래서 행사 참석자들이 자유롭게 인사할 수 있는 시간에 눈인사를 하고 그들의 대화를 듣는 것만으로 큰 배움의 기회가 된다.

,

내가 만난 모든 리더들의 또 다른 공통된 특징은 바로 책을 많이 읽고 기억한다는 것이다. 세계적인 리더들의 대화를 듣다 보면 신기하게도 모두 빠짐없이 자신이 읽은 책의 내용을 소개하며 자신의 생각이나 주장을 설명한다. 내가 워싱턴DC에서 만났던, 미국 사회 곳곳에서 영향력을 발휘하는 한인 리더들도 다르지 않았다. 그들의 대화에서는 항상 최근의 베스트셀러가 언급되었다.

세계 최대 규모의 사모펀드 칼라일그룹의 설립자이자 회장인 데이비드 루벤스타인David Rubenstein은 자신의 이름을 딴 인터뷰 방송에서 수많은 글로벌 리더들을 인터뷰하기 위해서는 이들이 저술한 책을 (반강제적으로) 읽어야 한다고 말했다. 그의 세 번째 책 출간 기념 북토크에 참석했을 때, 북토크의 진행자가 《원칙 PRINCIPLES》을 저술한 세계적인 투자자 레이 달리오였다. 그 둘은 너무나 자연스럽게 여러 책의 저자와 내용을 언급했다.

또 하나의 특징은 역사를 너무 잘 알고 있다는 것이다. 오늘날의 경제와 사회를 설명하기 위해서는 과거를 언급하지 않을 수 없다. 이들은 세계사 속 수많은 사건들의 정확한 연도와 상황을 언급하며 지금의 일이 과거 어떤 사건들에 영향을 받았는지 설명한다.

나는 리더들의 대화를 들으며 역사에 대한 지식이 엄청난 경쟁력이 될 수 있다는 사실을 다시 한 번 실감했다. 그리고 금융과 같은 특정 주제에 대해 이야기하더라도 역사적인 사건과 함께 설명하면 내용이 더 풍부해진다는 것을 알 수 있었다.

세계적인 리더들의 공통점은 크게 3가지로 정리할 수 있다.

- 누구에게나 도움을 주고자 하는 자세 갖기
- 한 명 한 명과의 대화에 귀 기울이기
- 방대한 독서와 역사에 관심 갖기

이 3가지는 누구나 지금 당장 실천할 수 있는 것들이다. 결국은 사람들의 이야기에 귀 기울이며 관심을 가질 때 나에게 뜻하지 않는 기회가 올 수 있다.

'

말 한마디가 전 세계적으로

큰 파장을 일으킬 수 있는 이들이

사람들 앞에서

실시간으로 질문에 답하는 모습을 보며

신기하면서도 말의 중요성을

다시 한 번 느꼈다.

세계를 움직이는
말의 힘

2022년 9월, 뉴욕타임스에서 '기후 컨퍼런스'를 진행한다는 소식을 접하고 참가 신청서를 제출했다. 마침 같은 시기에 유엔 총회가 뉴욕에서 진행되면서 그곳에 참석한 여러 국가 및 국제기구 리더들이 기후 컨퍼런스에 참석할 예정이라고 했다. 다행히 나는 운 좋게 입장권을 확보할 수 있었다.

기후 컨퍼런스가 진행된 2022년은 세계 195개국이 지구 온난화로 인한 기온 상승을 산업화 이전 대비 2℃ 이상 상승하지 않도록 합의한 2015년의 파리협정을 채택한 지 7년이 지났고, 지구의 평균기온이 1.5℃ 이상 올라가지 않도록 막겠다고 선언한 2030년까지 약 8년이 남은 시점이었다. 대부분의 국가들이 필요한 노력과 실행을 하고 있지 않는 암울한 상황에서 컨퍼런스의 분위기도 엄중하고 무거울 거라고 예상했다. 하지만 이 컨퍼런스는 나의 예상을 깨고 웬만한 드라마보다 더 재미있었다.

,

오전 9시, 그날 첫 연사는 미국의 앨 고어^{Al Gore} 전 부통령이었다. 그는 2000년 부통령 임기가 끝나자 누구보다 앞장서서 전 세계에 기후위기의 심각성을 경고했다. 그가 2006년 제작한 다큐멘터리 영화 <불편한 진실^{An Inconvenient Truth}>은 아카데미 장편 다큐멘터리상을 수상했고, 그는 이듬해 노벨평화상을 수상했다.

그는 우리가 기후위기에 필요한 만큼 대응하고 있지 않다고 강조했지만, 아직은 늦지 않았다는 메시지를 반복했다. 강연이 막바지에 다다르면서, 기후위기에 대응하는 국제기구의 노력에 대해 이야기하다 그는 갑자기 언성을 높이며 말했다.

"세계은행 총재는 기후위기를 부정하고 있습니다. 현재 세계은행 리더십은 모두 교체되어야 합니다."

그 순간 행사장은 조용해졌고, 뉴욕타임스 기자인 진행자가 질문했다.

"방금 하신 말씀은 세계은행 리더를 교체할 필요가 있다고 현

세상을 공부하다

정부에게 말하는 건가요?"

그는 "그렇다"고 답했다. 진행자는 "마침 오후에 세계은행 총재가 참석하는데, 그때 그의 의견을 들어봐야겠네요"라며 마무리했다.

오후 2시에 세계은행 총재, IMF 총재, 그리고 바하마 총리가 패널로 참석했다. 관객석은 진행자가 과연 데이비드 맬패스 세계은행 총재에게 앨 고어 전 부통령의 발언을 물어볼지 수군거렸다. 마지막에 에둘러서 물어보지 않을까 예상했지만 진행자는 제일 먼저 세계은행 총재에게 질문을 던졌다.

"오전에 앨 고어 전 부통령이 당신은 기후위기를 부정하고 있다며, 당신의 경질을 주장했습니다. 총재님은 기후 변화가 인간의 행동으로 인해 가속화되고 있다는 과학자들의 결론을 사실이라고 믿으시나요?"

맬패스 총재는 세계은행이 기후와 관련해 진행하고 있는 프로젝트들을 나열하며 즉답을 회피했다. 진행자는 다시 질문을 반복했고, 그는 다시 비슷한 답변을 반복했다. "우리는 여러 가지 새로운 노력을 하고 있어요"라며 답을 피하자 관객석에서는 "질문에 답하세요!"라는 야유가 흘러 나왔다.

세상을 공부하다

진행자가 "질문에 답할 마지막 기회를 드리겠습니다"라며 첫 질문을 똑같이 반복했다. 맬패스 총재는 "저는 과학자가 아니어서…"라며 잘 모르겠다는 식으로 마지막까지 답을 피했다. 관객들은 탄식했지만 진행자는 한 가지 질문만 계속 반복할 수 없다면서도 다른 주제로 넘어가기 전에 다른 패널들에게 같은 질문을 했다. 크리스탈리나 게오르기에바 IMF 총재는 "당연히 믿죠"라고 빠르게 답변하며 관객의 박수를 받았고, 필립 데이비스 바하마 국무총리는 "믿는 것뿐만 아니라 우리는 그 현실 속에서 살고 있다"라고 발언하며 관객의 공감을 샀다.

몇 시간 후, 미국 대통령의 기후특사인 존 케리 전 국무장관이 무대에 올랐다. 그의 연설이 끝나고 관객석의 질문을 받는데, 마이크를 잡는 순간부터 범상치 않은 기운이 느껴지는 인물이 일어섰다. "OO신문 편집장입니다"라고 자신을 소개한 그는 날카로운 질문을 던졌다.

"장관님은 바이든 정부의 장관급 인사로서 정부의 대변인이십니다. 그렇다면 장관님과 바이든 정부는 현 세계은행 총재가 적절한 인사라고 생각하십니까?"

행사장 곳곳에서 "헉!" 소리가 들렸다. 케리 장관은 "인사 결정은 오롯이 대통령의 권한이다"라며 즉답을 피했지만, 국제금융기구의 개혁이 필요하다고 언급했다. 기후특사인 그가 어떠한 의견

을 피력했다면 그것은 미국 정부의 의견으로 해석되어 전 세계 언론의 헤드라인을 장식했을 것이다. 그는 '말의 힘과 영향력'을 인지하고, 모든 단어에 신중할 수밖에 없었다.

그날 다섯 리더의 발언은 행사가 끝나기도 전에 이미 주요 언론에 기사화되었다. 표현 하나하나가 국가 혹은 국제기구의 입장이 되는 이들은 얼마나 많은 시간을 들여 자신의 생각과 주장을 고민하고 정리할까? 말 한마디가 전 세계적으로 큰 파장을 일으킬 수 있는 이들이 사람들 앞에서 실시간으로 질문에 답하는 모습을 보며 신기하면서도 말의 중요성을 다시 한 번 느꼈다.

세상을 공부하다

’

    그로부터 6개월도 채 지나지 않은 2023년 초, 나의 스마트폰에 뉴욕타임스 속보 알림이 떴다.

    '세계은행 총재 데이비드 맬패스 전격 사임.'

    속보를 보고 2022년 가을에 참석했던 기후 컨퍼런스에서 직접 들었던 그의 발언이 과연 이 뉴스에 영향을 주었을지 생각해 보았다. 직접적인 영향을 주지는 않았더라도, 영향력 있는 사람의 말 한마디가 세계를 움직인다는 사실을 실감한 순간이었다.

"

우리는 대부분 자신과 비슷한 사람들과
시간을 보내려고 한다.
이제부터 전혀 연결고리가 없지만
관심사를 공유하는 누군가와 연결해
다른 세상을 경험해 보기 바란다.

06

세상의 중심은
모두에게 다르다

————

2023년 2월 말, 뉴욕에서 평소와 다름없이 일하던 나는 충동적으로 런던행 비행기 티켓을 끊었다. 미국에서 운영하는 회사에 투자를 받기 위해 약 4개월 동안 고군분투하던 끝에 희망하던 목표의 투자금을 확보하고 잠깐 숨통이 트일 때였다. 잠깐이라도 일에서 벗어나고 싶었다.

좋아하는 일을 하며 일상이 일이고 일이 일상인 삶을 살고 있지만, 그 당시는 처음으로 제대로 된 휴가를 떠나고 싶다는 생각이 들었다. 이전에는 없던 거울 속에 비친 많은 흰머리를 보면서 어딘가로 떠나라는 계시로 받아들였다.

,

일하면서 틈틈이 이 책을 쓰고 있었고, 원고의 70% 정도가 마무리된 시점이었다. 조용한 동네에 가서 산책도 하고 생각을 정리하며 나머지 30%를 완성하고 싶었다. 휴가를 통해 동기부여도 하고 집중해서 원고를 마무리하기로 다짐하며 지도를 열었다.

처음에는 익숙한 캘리포니아를 생각했다. 뉴욕에서의 혹독한 추위를 견뎌왔으니 1년 내내 따뜻한 나의 두 번째 고향에서 편안하게 글을 마무리할까 생각했다. 하지만 며칠 전 대학교 후배를 만났을 때 "뉴욕에서는 유럽이 미국 서부와 거리가 비슷하니, 뉴욕에 있을 때 가능한 한 유럽을 자주 다녀와라"고 조언했던 내 말이 기억났다. 이번에는 나의 조언을 내가 들을 때였다. 영국으로 목적지를 정하고 물가가 비싼 대도시 런던보다 소도시 옥스퍼드로 가기로 했다.

영국에 도착해 거리로 나서자마자 익숙한 세상과는 다른 2가지 차이를 발견했다. 바로 자동차의 운전석이 오른쪽에 있다는 것, 그리고 주행차선이 왼쪽에 있다는 것이다. 와, 정말 다른 세상에 왔구나. 내가 알고 있는 세상이 정답이 아니라는 사실을 되새기게 되는 순간이었다. 런던 히드로 공항을 나선 나는 설레는 마음을 안고 옥스퍼드행 버스에 탑승했다.

세상을 공부하다

◆ 일상이 일이고 일이 일상인 삶을 살다 보니 어느 날 갑자기 휴가를 떠나고 싶어졌다.

’

철저한 계획형 인간인 나는 스스로에게 처음 선물하는 휴가에 아무런 계획을 세우지 않기로 결심했다. 그저 걸으며 동네를 만끽하고, 원할 때 노트북을 사용할 수 있는 곳에 들어가 글을 쓰겠다고 마음먹었다. 하지만 어쩔 수 없는 성격 때문인지 비즈니스 소셜 네트워크인 링크드인LinkedIn을 통해 나와 연결고리가 있는 옥스퍼드 학생들을 검색해 봤다. 그러다 우연히 한국인 학생의 프로필을 발견했다. 나는 옥스퍼드의 학교생활과 교육과정에 대해 궁금한데 시간이 괜찮다면 커피 한잔하며 이야기를 나누고 싶다고 메시지를 남겼다. 그 친구는 감사하게도 나의 요청에 응해 주었고, 캠퍼스 근처 카페에서 만났다.

김현지 님은 제주도에서 태어나 자랐고, 세계적인 명문대인 캐나다의 브리티시컬럼비아대학교UBC에서 전액 장학금을 받으며 국제관계학을 공부했다. 옥스퍼드대학교에서는 글로벌 거버넌스와 외교Global Governance and Diplomacy를 전공하며 석사 과정을 밟고 있었다. 나는 옥스퍼드에서는 외교와 기후위기를 어떻게 가르치고, 학생들은 어떤 생각을 하고 있는지 궁금했다. 캐나다와 영국의 교육과정을 경험한 그녀와 미국에서 교육받은 나의 시각과 배경지식이 얼마나 큰 차이를 보이는지도 알고 싶었다.

세상을 공부하다

,

캐나다 서부의 대도시인 밴쿠버에 위치한 UBC에서는 기후위기 대응과 지속가능성에 대한 교육에 적극적이며 범인류적 노력을 통해 분명히 해결책이 있다고 가르친다고 했다. 반면 영국의 소도시에 위치한 전통적이고 보수적인 성향을 가진 옥스퍼드는 국제 정세와 현재의 글로벌 산업의 구조로 인해 기후위기 해결에 비관적인 입장을 보인다고 했다.

학교가 자리 잡은 지리적 환경에 따라 교육의 방향성이 달라진다는 사실이 당연하면서도 놀라웠다. 그 방향성에 동의하고 그 교육기관에서 연구를 하고 학생들을 가르치는 교수들, 그리고 그 교수들의 수업을 듣고 지식을 쌓아가는 학생들도 영향을 받을 수밖에 없다. 현지 님은 양쪽 학교에서 배우는 과학적 사실은 동일하지만 학교마다 방향성이 다르다 보니 과연 어느 것이 맞는지 스스로 의심하고 끊임없이 질문을 던지게 되었다고 말했다.

이탈리아, 독일, 프랑스 출신 교수님들에게 듣는 외교 수업은 전반적으로 유럽 중심이지만, 미국과 캐나다에서 학사 학위를 받고 대학원에 진학한 학생들이 많아 수업 중에 대화의 흐름이 미국 쪽으로 흐르는 것을 자주 경험한다고 했다. 그러다 보니 다양한 관점을 통해 듣는 이야기가 자신이 알고 있는 세계관을 깨부수고 다시 붙이기를 반복한다는 것이다.

나는 그녀의 이야기를 들으며 건강한 의심과 질문이 학업뿐만 아니라 자신의 사상을 더 건전하게 만드는 데 얼마나 중요한지 느낄 수 있었다.

우리는 과연 어떤 관점의 교육을 받으며 자라온 걸까? 우리가 지금까지 배운 것 중에 교사나 교육기관의 관점이 조금이라도 들어가지 않았다고 자신할 수 있을까? 우리와 다른 환경에서 자란 사람들은 어떤 관점을 가지고 있을까? 이런 질문을 스스로에게 던지며 다양한 관점을 접하고자 노력하는 것이 시야를 넓히는 데에 크나큰 역할을 할 것이다.

김현지 님과 대화를 나누면서 나의 지식과 관점이 얼마나 미국 중심적인지 깨닫게 되었다. 캐나다와 영국에서 공부한 경험이 없는 나는 계속 질문을 쏟아냈고, 그녀는 다음 약속을 위해 출발해야 하는 시간을 훌쩍 넘기면서까지 친절하게 답해 주었다. 시간을 확인하고 화들짝 놀란 나는 죄송하다는 말을 반복하며 허겁지겁 짐을 챙기고 함께 카페를 나섰다.

,

우리는 항상 어딘가에 소속되고 싶어 한다. 어느 학교에 진학하고 싶고, 어느 회사에 취직하고 싶고, 어느 모임에 참여하고 싶

세상을 공부하다

어 한다. 이처럼 인간은 끊임없이 소속감을 갈구하고, 소속감은 결국 정체성의 큰 부분을 차지한다. 하지만 어딘가에 합류하고 싶다는 생각만 가질 뿐 연결되기 위해 적극적인 행동을 취하지 않는다.

SNS를 통해 그 어느 때보다 누군가와 연결되기 쉬운 세상이다. 내가 가고 싶은 곳이 있다면, 그곳에 소속된 사람을 찾고 싶다면 궁금한 것들을 몇 가지 언급하며 그곳의 사람들에게 연락을 시도해 보자. 자기소개 한두 문장, 연락하는 이유 한 문장, 궁금한 내용을 간략하게 설명한 한두 문장, 그리고 통화나 만남 등 희망하는 연락 방법을 제안하는 한 문장 정도면 충분하다. 내가 현지 님에게 보낸 짧은 메시지는 내가 보는 세상의 중심이 모두의 세상의 중심이 아니라는 것을 깨닫게 해주었다.

우리는 대부분 자신과 비슷한 사람들과 시간을 보내려고 한다. 하지만 더 큰 세상에 대해 알고 싶다면, 더 큰 무대에서 활동하고 싶다면, 더 넓은 시야를 가지고 풍요로운 삶을 살고 싶다면 적극적으로 세상과 연결해 보자. 이제부터 전혀 연결고리가 없지만 관심사를 공유하는 누군가와 연결해 다른 세상을 경험해 보기 바란다.

Part 5

세상을
이끌다

,

우리 세대가 사회의 주축이 되었을 때

세상을 이끌어가기 위해서는

지금 무엇을 해야 할까?

01

끊임없이
배우려는 태도

———

"우리 세대가 사회의 주축이 되었을 때 세상을 이끌어가기 위해서는 지금 무엇을 해야 할까?"

이 책을 쓰면서 나 자신과 주위 사람들에게 끊임없이 던진 질문이다. 이 책이 이에 대한 해답을 줄 수는 없겠지만, 더 큰 세상을 보고 배우고 이끌고 싶은 사람들에게 길잡이 역할을 했으면 하는 바람을 가지고 있다. 지금도 나는 답을 찾기 위해 관련된 컨퍼런스와 행사에 꾸준히 참석해 세상을 이끌어가는 리더들의 이야기를 들으며 그들이 전하고자 하는 메시지를 정리하고 있다.

뉴욕에 거주하며 누리는 특혜 중 하나는, 세계 최고 전문가들의 강연을 쉽게 접할 수 있다는 것이다. 뉴욕대학교와 컬럼비아대학교에서 진행되는 강연 행사의 상당수는 일반인도 참석할 수 있다. 도심에 위치한 수많은 기업과 재단에서도 다양한 강연 프로그램을 진행한다. 나는 센트럴파크 동쪽에 자리 잡은 한 유대인 문화센터를 자주 찾는다. 그곳에서 빌 클린턴 전 대통령 부부, 투자자 레이 달리오, CBS뉴스 방송기자 레슬리 스탈 그리고 전설적인 할리우드 배우 알 파치노까지 다양한 인물들의 이야기를 들을 수 있었다.

,

러시아가 우크라이나를 침공한 지 1년이 되는 날, 뉴욕대학교의 독일어학당에서 독일 연방의회의 현 집권 여당인 사회민주당 소속이자 EU위원회 소속 메틴 학바르디Metin Hakverdi 의원의 초청 강연이 있었다. 나는 독일과는 별다른 연결고리도 없고, 독일어와 독일 문화를 공부해 본 적도 없다. 하지만 이번 전쟁에서 독일의 역할이 특별하다는 점에서 학바르디 의원이 어떤 이야기를 할지 궁금했다.

독일은 제2차세계대전에서 패배한 후 그 어떤 분쟁 지역에도 무기를 절대 지원하지 않는다는 원칙을 지켜왔다. 하지만 러시아의 우크라이나 공격에 그 원칙을 처음으로 뒤집으며 세계를 놀라게 했다. 독일이 왜 헌법까지 개정하며 그런 결정을 내렸는지, 독

세상을 공부하다

일은 이번 전쟁에서 어떤 역할을 하고자 하는지 알고 싶었다.

학바르디 의원은 러시아와 우크라이나의 전쟁에 여러 국가들이 엉켜 있는 모습을 보며, 국제적 리더십의 정의를 다시 생각해야 한다고 주장했다. 가장 앞서서 이끄는 것도, 중앙에서 앞뒤를 전략적으로 지휘하는 것도, 모두 앞으로 나아갈 수 있도록 맨 뒤에서 밀어주는 것도 리더십이라고 설명했다. 독일은 지금 EU 국가 중에서 가장 많은 무기를 지원하며, 미국처럼 앞장서서 지원하는 것이 아니라 동맹 국가들이 힘을 모을 수 있도록 유도하는 리더십을 발휘하려 한다고 했다. 그는 이번 전쟁뿐만 아니라 세계 질서에서도 각 나라가 어떤 위치에서 리더십을 발휘할지, 어떤 역할이 자국의 이익에 도움이 되며 세상을 더 이롭게 할지 고민해야 한다고 덧붙였다.

정치인이라면 논란이 되는 발언은 삼가고 특히 외교적으로 문제가 될 수 있는 개인의 의견을 피력하는 데는 소극적이지 않을까 생각했다. 하지만 예상보다 솔직하고 거침없는 발언을 쏟아냈다. 이 강연에는 약 80명의 관객이 참석했는데, 거의 대부분은 중년의 독일인이었다. 20~30대는 나를 포함해 10명 정도였다. 그중 중국인으로 보이는 유학생 4명이 내 뒷줄에 앉아 있었다.

학바르디 의원이 중국을 견제하기 위해 국제사회가 더 단단하게 협력해야 한다는 이야기를 할 때마다 뒤에서 비웃음 비슷한 소리가 들렸다. 거슬리는 소리를 향해 고개를 돌리자 그들은 모른 척

했고, 강연이 끝나고 바로 자리를 떴다.

학바르디 의원은 강연 후 참석자들과 인사를 나누는 시간을 가졌다. 나는 그와 대화를 나누고 싶어 다가가 기다렸다. 뉴욕에서 공부하는 독일 유학생들을 격려하고 다른 독일인들과 대화를 마무리한 후 드디어 내가 다가갈 기회가 생겼다. 나는 먼저 한국과 미국을 오가며 다양한 사업을 하는 뉴욕대학교 졸업생이라고 소개했다. 그리고 제2차세계대전 패전국인 독일의 적극적인 무기 지원이 일본에 어떤 영향을 주고, 일본의 재무장을 우려하는 한국은 무엇을 고려해야 하는지 의견을 듣고 싶다고 질문했다.

학바르디 의원은 바로 자신의 의견을 이야기하지 않고, 자신은 한국이나 일본 전문가가 아니니 오히려 나에게 질문하고 싶다고 했다. 일본의 어떤 행동을 한국이 우려하는지, 한국 국민들은 일본의 재무장 가능성에 대해 어떤 생각을 가지고 있는지, 한국의 외교 전략을 국민들이 어떻게 보고 있는지 등 한국 국민의 시각을 듣고 싶다는 것이었다. 한국을 대변하는 위치는 아니지만 내가 보고 들었던 것들을 바탕으로 최대한 객관적인 견해를 전달하려고 노력했다.

나의 이야기를 적극적으로 경청한 학바르디 의원은, 이제는 중국이라는 강력한 이웃이 다시금 파시즘을 내세우며 독자적인 체제로 세계를 재편성하려는 의지를 자유국가들이 더 적극적으로

◆ 독일 연방의회의 현 집권 여당 국회의원이 한국의 젊은 청년에게 대하는 태도를 보며, 누구에게나 배우려는 자세는 변하지 않는 리더의 덕목임을 다시 한 번 깨닫게 되었다.

협력해서 견제해야 한다고 주장했다. 일본과 관련된 이슈는, 프랑스와 독일처럼 한국과 일본이 더 적극적으로 과거의 문제들을 풀어내고 여러 방면으로 협력해 미국, 유럽과 함께 더욱 강한 동맹을 만들어가야 한다고 말했다.

,

나는 그의 답변보다 자세와 태도가 더 기억에 남았다. 세계 주요 국가의 집권 여당 국회의원이 아무런 관련이 없는 분야의 사업을 하는 외국의 한 청년에게 왜 자신의 전문 분야인 외교에 대해 질문하고 의견을 들으려 했을까? 생각해 보니 내가 지금까지 만난, 대단하다고 느낀 세계적인 리더의 대부분은 이와 같은 태도를 가지고 있었다. 직업과 나이에 상관없이 누구에게나 배우려는 자세는 내가 만났던 수많은 리더들의 공통점이었다.

끊임없이 배우려고 하는 태도는 책을 많이 읽고 강의를 듣는 것을 넘어서 일상 속의 생활에서 나타난다. 책 한 권 읽을 시간조차 없을 것 같은 세계 최고의 리더들이 오히려 책을 읽는 데 가장 많은 시간을 보낸다. 또 당황스러울 정도로 많은 비용을 지불하면서까지 모임과 강의에 참석하는 것은 그 이상의 가치가 있다고 믿기 때문이다.

독일의 국회의원과 대화를 나누면서 자국의 이익, 국제관계의 중요성, 그리고 우리와 전혀 연관 없는 국가 리더들의 결정이 우리 사회에 어떤 영향을 주는지를 보며 세상은 내가 생각하는 것 이상으로 촘촘하게 얽혀 있다는 사실을 다시 한 번 깨달았다.

우리가 공부해야 할 세상은 너무나 넓다. 결국 어디서든 누구에게든 배우고자 하는 태도를 가진 사람이 세상을 이끌어갈 것이다.

‘

내향적인 지도자들은
종종 우리가 인식하는 것보다
더 가치 있는 타고난 주의력을
가지고 있다.

02

내향적인 사람은
리더가 될 수 없을까

———

요즘 젊은 세대들은 대화를 나누기 전에 서로의 MBTI를 먼저 주고받는다. 나는 이러한 트렌드에 한발 늦는 편인데, 인터넷에서 무료로 할 수 있는 MBTI 검사는 신빙성이 높지 않지만 주변 친구들의 끊임없는 권유에 나도 검사를 해봤다. 검사 결과 나는 INFJ로 나왔다. '예언자형'이라 불리는 이 유형에 대한 설명을 읽으며 나름 공감하는 부분이 많았다. 하지만 주위 사람들은 모두 똑같은 반응을 보였다.

"너가 내향적이라고? 말도 안 돼!"

나의 그간의 행보를 보면, 그 누구보다 외향적인 사람이라고 판단하기 쉽다. 수백 명 앞에 서서 마이크를 잡고 이야기하고, 많은 사람들과 만나고 모임을 주도하는 것은 누가 봐도 외향적인 사람이 아니면 하기 어렵다. 하지만 나는 대단히 내향적인 사람이다. 단지 상황에 맞춰 외향적인 특징을 잘 활용하는 훈련을 해왔을 뿐이다.

,

나는 사람들을 만나기 전에 자리에 맞는 나의 역할을 명확하게 이해하고 준비한다. 강연하는 자리라면 나의 경험과 지금까지 만난 사람들을 통해 얻은 인사이트를 공유하는 역할, 모임을 주최하는 자리라면 준비된 프로그램을 문제없이 진행하는 호스트의 역할, 두 사람을 서로에게 소개하는 자리라면 불편하거나 어색하지 않게 이야기를 이어갈 수 있는 다리 역할을 한다. 이처럼 사람들 사이에서 내가 어떤 역할을 해야 하는지 알고 있으면, 내가 그 순간 무엇을 해야 하는지에 더 신경을 쓰게 되고, 집중하게 된다.

사람들을 만나고 연결해 줄 때는 그들의 성향과 특징을 잘 파악해야 한다. 나는 내향적인 사람들이 이러한 특징들을 더 깊이 그리고 더 정확하게 파악할 수 있다고 생각한다. 깊이 있는 관계를 더욱 중요시하는 내향적인 사람들은 상대의 입장을 한 번 더 생각하기 때문에 그들이 원하는 것을 제공해 줄 수 있다.

버락 오바마 전 대통령의 임기가 끝나기 직전, 뉴욕타임스는

'소중한 혼자만의 시간'이라는 기사를 통해 오바마 대통령이 저녁에 혼자 보내는 시간을 매우 중요시한다는 인터뷰 기사를 실었다. 역사학자 도리스 컨스 굿윈은 "지금까지 우리가 만난 대통령들은 대부분 다른 사람과 교류하면서 에너지를 얻곤 했다. 하지만 오바마 대통령은 혼자 시간을 보내며 편안함을 느끼는 사람으로 보인다"라고 분석했다. 외향적이지 않으면 불가능해 보이는 직업도 내향적인 사람들이 충분히 수행할 수 있다는 것이다.

9

우리는 보통 리더의 모습을 떠올릴 때 당연히 외향적인 인물을 먼저 떠올린다. 그렇다면 내향적인 사람은 리더가 될 수 없는 걸까?

'시끄러운 세상에서 조용히 세상을 움직이는 힘'이라는 부제가 붙은 책 《콰이어트》에서 저자 수전 케인은 "내향적인 지도자들은 종종 우리가 인식하는 것보다 더 가치 있는 타고난 주의력을 가지고 있다"라고 말한다.

나는 깊은 생각과 기획을 무기로 삼는 내향적인 사람이다. 물론 내가 지금 성공했다고 할 수는 없지만, 내향적인 성격이 확실한 장점을 가지고 있는 것은 명확하다. 그런 점에서 내향적인 사람들이 성격 유형 검사에 얽매여 자신의 행보를 제한하지 않기를 바란다.

'

진정한 리더는 권한을 권위라고
착각하지 않고
함께 일하는 사람들에게
더 많은 동기부여를 해주기 위해
노력한다.
그리고 자신의 말 한마디가 상대방에게
어떤 영향을 미칠 수 있는지
끊임없이 인지하려고 노력한다.
이런 노력은 기본적으로
상대방을 공감하려는
기본적인 품성에서 비롯된다.

03

겸손
그리고
탄탄한 기초

———

누군가가 연예인 혹은 유명 인사를 만났다는 소식을 들으면, 우리는 자연스럽게 그들의 '진짜 모습'을 궁금해한다. 방송이나 무대, 미디어에서 보여지는 모습과 실제 모습이 같을까? 성격에 대해 들었던 소문이 맞을까?

우리가 유명한 리더나 멘토를 만나고 싶은 이유도 이와 비슷한 호기심에서 비롯된다. 그들은 평소 어떤 생각을 가지고 있을까? 그들은 하루하루를 어떻게 보내고 있을까? 평소에 어떤 생각을 하고 어떤 행동을 하기에 지금의 위치에 오를 수 있었을까?

내가 만나본 많은 리더와 멘토들은 기본적으로 겸손이 몸에 배어 있었다. 자신의 지위에 상관없이 어떤 상대와 대화를 나누는 것도 거부하지 않고, 대접받는 것을 당연시하지 않는다.

우리는 흔히 나이가 더 많아서, 직책이 더 높아서, 일을 더 오래했다는 이유로 나보다 경험이 적은 사람들을 은연중에 무시하곤 한다. 하지만 지위를 권력으로 착각하고 상대를 낮춰 보는 사람들 중에 오랫동안 꾸준히 자신의 위치를 지키며 존경받는 사람을 보지 못했다.

진정한 리더는 권한을 권위라고 착각하지 않고, 함께 일하는 사람들에게 오히려 더 많은 동기부여를 해주기 위해 노력한다. 그리고 자신의 말 한마디가 상대방에게 어떤 영향을 미칠 수 있는지 끊임없이 인지하려고 노력한다. 이런 노력은 기본적으로 상대방을 공감하려는 기본적인 품성에서 비롯된다.

내가 멘토들을 만나며 저질렀던 가장 큰 실수는 그들의 현재와 나의 현재를 비교하는 것이었다. 지금 내가 우러러보는 영향력 있는 리더들은 수십 년의 경험과 실패를 겪으며 현재의 위치에 오른 사람들이다. 그들의 현재 모습을 그대로 따라 한다고 해서 절대 같은 성과를 얻을 수 없다는 사실을 이제야 알게 되었다.

’

네 권의 책을 기획 출간하고, 세계적인 연사들을 초청해 강연을 기획했던 경험 덕분에 나에게도 많은 사람들이 고민 상담을 요청하고 조언을 구한다. 특히 젊은 청년들은 내가 지금까지 해온 것처럼 유명 인사를 초청해 행사를 진행하고 싶은데, 그 방법을 알려달라고 묻는다. 물론 기획의 요령은 충분히 알려줄 수 있다. 하지만 내가 강조하고 싶은 것은 내가 지금까지 10년 이상 강연을 기획하고 5년 이상 출판 기획을 경험했다는 사실이다. 내가 진행했던 화려해 보이는 성과는 이렇게 15년 동안 차곡차곡 쌓아온 결과물이다. 그래서 나를 예시로 삼아 처음부터 무리하게 도전해서는 안 된다고 조언한다.

외국어를 잘하고 싶다면 기초 문법과 단어를 꾸준히 공부해야 한다. 어느 날 갑자기 프랑스어로 5분짜리 스피치를 해야 한다면 번역한 원고를 달달 외워서 하면 된다. 하지만 발표 중간에 갑자기 문장이 생각나지 않거나 예상치 못한 질문을 받는다면 기초가 없는 상황에서는 제대로 대응할 수 없다. 하물며 외국어도 이럴진대, 오랫동안 쌓은 노하우를 가르쳐준다고 해도 하루아침에 성과를 내기는 어렵다.

기초가 탄탄해야 진정한 성과를 얻을 수 있다는 것은 불변의 진리이다. 처음부터 완벽을 추구하기보다는 한 걸음 한 걸음 견고하게 기본기를 쌓아가야 한다.

「

타인의 성공을 보며

나와의 다른 점을 찾아

내가 안 되는 이유를 찾는

나쁜 습관을 멈추고,

내가 꿈꾸는 미래를 만들어 갈 수 있는

이유를 찾아야 한다.

마치 근육을 키우듯

세상을 꾸준히 경험하면서

시야를 넓히는 운동을 해야 한다.

04

더 이상
꼬리표를 붙이기
어려운 세상

_____

"I pledge allegiance to the flag of the United States of America…."

미국으로 건너가 초등학교 2학년을 시작한 나는 매일 아침 교실에서 칠판 옆에 걸려 있던 미국 국기를 바라보며 '국기에 대한 맹세'를 암송했다. 하지만 당시 나는 이 내용이 무슨 뜻인지 잘 와닿지 않았다.

미국에 도착한 지 얼마 지나지 않아 9.11 테러가 발생하면서 (2001년) 학교에서는 '미국인의 가치'에 대해 많이 강조했고, 나는 이 맹세를 반복하며 영어 발음을 익혔다. 그렇게 나는 'I am an American'이라는 표현에 익숙해졌다.

’

‘나는 한국인인가?’ 당연하다. 나의 가족은 모두 한국인이고, 나는 대한민국에서 태어났다. ‘나는 미국인인가?’ Of course. 미국에서 학창시절과 성장기를 보냈고, 현재 뉴욕에서 거주하고 있다. 나에게 한국인인지, 미국인인지 물어본다면 나는 ‘둘 다’라고 말한다.

신기하게도 나는 한국에서는 미국인·외국인이라고 불리며 다름을 느꼈고, 미국에서는 한국인·외국인이라며 완전한 소속감을 느끼지 못한 경우가 많다. 심지어 미국에서 거주하는 한인들은 내가 한인 2세인지, 1.5세대인지, 이민자인지, 유학생인지에 대해 질문한다. 나는 공부를 목적으로 미국에 건너온 게 아니기에 유학생은 아니고, 이민을 온 것도 아니고, 이민자 부모에게 태어난 것도 아니다. 그 어떤 라벨에도 나는 맞지 않는 존재이다 보니, 이 애매함이 많은 지인들의 궁금증을 유발한다.

’

인간은 세상을 분류하는 것에 익숙하다. 원시시대부터 우리는 적군과 아군을 구분하며 생존했고, 선과 악의 기준을 구분하며 살아왔다. 현대사회에서는 특히 서로를 구분 짓는 방법이 너무나 많아졌다. 인종과 국적과 같은 큰 개념부터 직업, 연령, 소득, 거주지 등 사회·경제학적 꼬리표를 만들어 타인과 나를 비교한다.

　이러한 비교는 결코 우리에게 좋은 영향을 주지 않는다. 더더욱 이런 꼬리표로 우리의 가능성을 차단하는 것은 부정적인 결과만 만들어 낼 뿐이다. 우리는 어디 출신이 아니어서, 어느 학교를 나오지 않아서, 어느 경력이 없어서 무언가를 하지 못한다는 무언의 꼬리표 때문에 행동의 제약을 받는 경우가 많다. 하지만 '원래 그래' 혹은 '사람들이 그렇게 생각해'라는 주위의 말은, 어쩌면 너무 쉽게 깨부술 수 있는, 어쩌면 실존하지 않는 발상일 가능성이 높다.

　애플의 창업자 스티브 잡스는 "지금 당신이 인생이라고 일컫는 모든 것들은 당신보다 똑똑하지 않은 사람들에 의해 만들어졌다"라며, "우리는 그것을 바꿀 수 있고 그것에 영향을 미칠 수 있다"고 말했다. 과거에 (혹은 현재에) 우리가 어떤 공부를 했는지, 어떤 일을 했는지, 어느 지역에서 자랐는지가 나의 삶에 주는 영향은 내가 허락하는 만큼일 뿐이다. 의학을 공부했다고 장사를 못하는 것도 아니고, 운동선수 출신이라고 변호사가 되지 못할 이유는 없다.

'

　세상에 꼬리표를 붙이는 것은 너무나 자연스러운 인간의 심리지만, 우리가 앞으로 살아가야 할 세상에서는 더 이상 먹히지 않을 것이다. 지금까지 우리는 서로에게 그리고 나 자신에게 수많은 꼬리표를 붙이며 살아왔지만, 이제는 그러한 기준에 따라 세상을 바라봐서는 안 된다. 나처럼 '어디 사람인가'라는 질문에 하나의 답을 내놓지 못하는 사람들이 많아질 것이고, '무엇을 하는 사람인가'라는 질문에도 한 가지 직업만으로 답하지 않는 사람들이 무수히 많아질 것이기 때문이다. 이제 사람들은 자신의 배경에 스스로의 한계를 긋지 않고, 오히려 지금까지 자신이 알던 것과 다른 분야의 지식을 꾸준히 추구하며 새로운 세상을 만들 것이다.

더 큰 세상에서 활동하고 싶다면, 사람들을 분류하고 꼬리표를 붙이는 습관을 완전히 고쳐야 한다. 앞으로는 우리가 그동안 알았던 세상을 깨부수는, 아주 불편한 과정이 펼쳐질 것이다. 타인의 성공을 보며 나와의 다른 점을 찾아 내가 안 되는 이유를 찾는 나쁜 습관을 멈추고, 내가 꿈꾸는 미래를 만들어 갈 수 있는 이유를 찾아야 한다. 마치 근육을 키우듯 세상을 꾸준히 경험하면서 시야를 넓히는 운동을 해야 한다.

◆ 애플의 창업자 스티브 잡스는 "지금 당신이 인생이라고 일컫는 모든 것들은 당신보다 똑똑하지 않은 사람들에 의해 만들어졌다"라며, "우리는 그것을 바꿀 수 있고 그것에 영향을 미칠 수 있다"고 말했다.

6

내가 지금 가장 내세울 수 있는 경쟁력도,

미래에 나의 인생을 이끌어갈 무기도,

지금까지 세계 곳곳에서 만난

수많은 리더들이 가지고 있는 특징도

결국은 '실행력'이다.

05   결국은
실행력이다

———

좋아하는 일이 무엇인지 잘 모르겠다는 사람들을 종종 만난다. '나만의 일을 찾아 열심히 성장하라'는 메시지는 셀 수 없이 들었지만, 진심으로 내가 좋아하는 일을 어디서 찾아야 할지 모르겠다는 사람들에게 이러한 조언은 괴로운 압박으로 다가온다. 무언가는 하고 싶지만 좋아하는 일이 무엇인지 모르겠다는 이들에게 어떻게 조언해야 할까?

나는 이 고민의 해답을 아이스크림에서 찾았다. 아이스크림 가게에 가서 어떤 것이 맛있는지 모르겠다면 시식을 하고 싶다고 말하면 된다. 시식의 기회를 얻었는데, 고민하는 아이스크림 맛이 별

로일까 겁이 나 시식을 피하는 사람이 있을까? 맛보는 것조차 두려워하면 어떤 것이 맛있는지 결코 알 수 없다. 맛이 있는지 없는지는 먹어보고 나서 파악하면 된다.

,

2022년 봄, 뉴욕의 한 슈퍼마켓에서 익숙하면서도 새로운 맛의 과자를 접했다. 우리에게 익숙한 콘아이스크림 아래의 초콜릿이 담겨 있는 부분을 과자로 만들어 판매하고 있었는데, 호기심에 과자를 구매해 먹어봤다. 맛이 없을 수 없는 과자인데, 콘 자체도 그 안에 들어있던 초콜릿도 맛이 없었다.

'초콜릿 맛이 이렇게 밋밋하고 콘도 바삭하지 않는데 어떻게 유명 슈퍼마켓에 입점했지? 더 달고 맛있게 만들면 훨씬 반응이 좋을텐데, 내가 직접 만들어 볼까?'

일상 속에서 떠오른 수많은 아이디어 중 하나였고, 식품 사업에 관심조차 없었지만 이 과자를 제대로 한 번 만들어 보고 싶어졌다.

7월에 아이디어를 함께 현실화시킬 사업 파트너를 찾았고, 8월에 브랜드를 만들고, 9월에 레시피를 연구하기 시작했다. 10월에 크라우드펀딩 캠페인을 준비하고, 11월에 펀딩을 론칭했고, 12월에 4천만 원이 넘는 금액을 달성하며 펀딩을 성공시켰다.

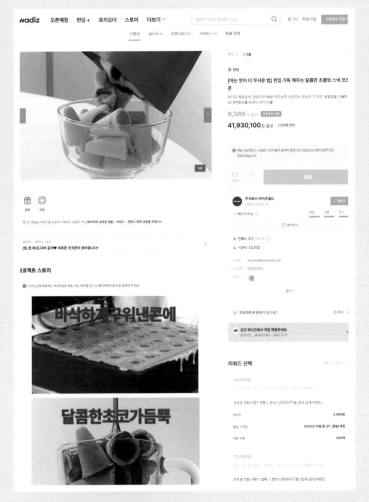

◆ 꼬깔콘 모양의 초코 과자 '코코콘'을 기획하고 사업화하여 펀딩에 성공한 것은 결국 실행력 덕분이다.

지금은 '코코콘'이란 이름으로 많이 알려진 초콜릿 과자는 식품에 대한 경험도 배경지식도 전혀 없던 내가 겁 내지 않고 추진해서 탄생한 제품이다. 펀딩이 성공할지, 이 사업 아이템이 살아남을지 전혀 알지 못하고 뛰어들었지만, 리스크를 최소한으로 줄여 최대한 빠르게 움직여 펀딩에 성공했고, 지금도 많은 고객들의 사랑을 받는 간식으로 성장하고 있다.

,

결국은 '실행력'이다. 지난 10여 년 간의 나의 경험을 되돌아보며 한 단어로 정리한다면 바로 실행력이라고 말할 수 있다. 내가 지금 가장 내세울 수 있는 경쟁력도, 미래에 나의 인생을 이끌어갈 무기도, 지금까지 세계 곳곳에서 만난 수많은 리더들이 가지고 있는 특징도 결국은 실행력이다.

나의 코코콘 이야기가 대단한 실행력의 결과물로 보일 수 있지만, 실제로 우리가 일상 속에서 접하는 수많은 성공 사례를 들여다보면 두려움을 실행력으로 이겨낸 이야기들이 많다. 세상을 이끄는 리더들은 행동 없이 그 자리에 올라가지 못했고, 앞으로도 빠르게 실행하는 이들이 세계를 이끌게 될 것이다.

인턴을 하든, 봉사활동을 하든, 알바를 하든, 직접 무언가를 시작해 보든 새로운 맛의 아이스크림을 먹어본다는 마음으로 새로운 일에 도전해 보기 바란다. 실패를 걱정하며 행동을 못하고 고민만 한다면, 미안하지만 당신의 시간은 우리가 속해 있는 시장 market에서 가치가 그리 높지 않을 것이다. 한시라도 빨리 자신의 위치를 인정하고 시도하는 게 미래의 후회를 줄여줄 수 있다.

,

실행 요령을 알려주는 콘텐츠는 온라인 미디어에 무수히 많다. 시간관리, 우선순위 정하기, 동기부여, 목표 설정, 집중력 향상 등 요령을 키우는 방법은 너무나 쉽게 접할 수 있고, 그중 실제로 도움이 되는 콘텐츠도 많다. 하지만 그 모든 것들은 직접 실행하지 않으면 무용지물이다.

실행력은 누가 가르쳐 줄 수도, 대신해 줄 수도 없다. 자신이 무엇에 의해 움직이는지 인지하고, 이루고 싶은 것이 있다면 자신의 행동을 유도하기 위해 어떤 환경을 설정해야 하는지 스스로 파악하고 실행해야 한다.

"

글로벌 인재는 결국

소통 능력을 가지고,

다양한 문화를 존중하며,

더 나은 세상을 만들기 위해

실패하더라도

꾸준히 도전하는 사람이다.

06

글로벌 인재로
키우고 싶다면

───

　나는 아직 자녀가 없지만, 곧 세 살이 되는 조카와 가까이서 생활하며 보통의 삼촌들에 비해 비교적 직접적인 육아를 경험했다. SNS에서 조카와 함께 찍은 사진을 보고 몇몇 분들이 내 아이로 생각하고 육아에 대한 조언을 부탁하기도 했다. 물론 아직 육아에 대해 조언을 하기에는 이른 나이지만, 나 또한 앞으로 자녀를 키운다면 '어떻게' 할지를 고민해 본 적은 있다. 또 지금까지 내가 만나본 다양한 인재들과 직접 소통한 것들을 바탕으로 (예비) 부모들에게 꼭 전하고 싶은 이야기를 생각해 보았다.

,

청소년 자녀들도 마찬가지겠지만, 특히 영유아 시기의 자녀에게 부모의 역할과 영향력은 절대적이다. 향후 자녀들이 더 큰 세상을 누빌 수 있도록 키우기 위해서는 3가지 역량에 집중해야 한다.

첫 번째는 외국어 구사 능력이다. 글로벌 인재로 성장하기 위해서는 다양한 사람들과 원활하게 소통할 수 있는 언어 능력 및 커뮤니케이션 기술이 필수적이다. 이때 언어를 공부의 영역이 아니라 좋아하는 관심사로서 아이들에게 제시하는 것이 중요하다.

아이들은 좋아하는 게임에서 사용하는 언어를 배울 때는 절대 공부라고 생각하지 않고, 관심 있는 스포츠 종목에서 사용하는 용어는 오히려 적극적으로 찾아본다. 이처럼 자녀가 자연스럽게 외국어를 습득하고 활용할 수 있는 환경을 마련해 주는 것이 중요하다. 이제 영어는 기본이다. 영어 시험에서 좋은 성적을 받는 것이 아니라 자신의 생각을 그 언어로 제대로 표현할 수 있도록 환경을 만들어 주어야 한다.

두 번째는 다양한 문화에 대한 이해와 존중이다. 세상에는 나와 비슷한 사람보다 다른 사람이 훨씬 더 많다. 그 다름을 인정하고 받아들일 줄 알아야 다양한 문화의 사람들과 교류할 수 있다. 다름에 대한 편견은 성장과정에서 구축된다. 일찍이 부모가 자녀

세상을 공부하다

에게 세상의 다양한 문화와 다른 생각들을 존중해야 한다는 것을 가르친다면 자녀 세대는 더 쉽게 다름을 인정하며 마음의 문을 열 것이다.

세 번째는 실패를 두려워하지 않고 도전하는 태도다. 미국 대통령 영부인이었던 미셸 오바마는 한 인터뷰에서 "아이가 넘어질 때 부모의 반응에 따라 아이의 반응도 바뀐다"고 말했다. 아이가 넘어졌을 때 부모가 화들짝 놀라 큰소리를 치며 달려가면 아이는 부모의 모습에서 더욱 불안감을 느끼고 울음을 터트린다. 하지만 아이가 넘어졌을 때 부모가 표정 변화 없이 안정적인 목소리로 아무 일 없으니 그냥 일어나라고 한다면 아이도 놀랄 상황이 아니라고 인지하고 그대로 일어난다고 한다.

마찬가지로 아이가 새로운 시도를 했다가 실패했을 때 부모의 반응이 그 아이의 태도를 결정한다고 생각한다. 아이가 새로운 도전을 했다가 원하는 결과가 나오지 않았을 때 부모가 당연한 듯 도전은 원래 실패할 확률이 높으니 시도한 것에 의미를 두면 된다고 하면 아이는 앞으로도 도전을 겁내지 않을 것이다.

,

이 3가지 역량은 사실 글로벌 인재가 되기 위해 필요하다기보다는 자존감이 높은 한 사람을 키우는 데 필요한 역량이기도 하다.

글로벌 인재는 결국 소통 능력을 가지고, 다양한 문화를 존중하며, 더 나은 세상을 만들기 위해 실패하더라도 꾸준히 도전하는 사람이다.

그 어떤 나라보다 자녀 교육에 열정적인 한국의 부모님들에게 요령이 아닌 지속적인 노력과 인내가 세상을 더 넓게 볼 수 있는 안목을 키우고 글로벌한 세상을 살아가는 데 필요한 덕목이라고 이야기하고 싶다.

세상을 공부하다

"관심은 지식을, 지식은 기회를"

'세상에 대한 공부를 왜 해야 하느냐'라는 질문을 받으면, 한동안 속 시원하게 답을 하지 못했다. 하루하루를 살아가기도 바쁜 우리가 왜 접점도 없는 세상의 소식을 접하고 배워야 하며, 귀한 시간을 투자해 공부해야 하는가? 세상에 대한 공부가 졸업장이나 자격증처럼 눈에 보이거나 수입을 높여주는지에 대한 확신이 없었다.

하지만 이제는 답할 수 있다. 세상을 공부하면 당장 소득을 높이지는 못할지라도, 앞으로 살아가면서 지불해야 하는 무지세無知稅, ignorance tax를 줄여줄 수 있을 것이다. 무지세는 우리가 알지 못하거나 지식이 없기 때문에 발생하는 비용으로, 몰라서 손해 본 금액이라고 보면 된다.

무지세는 우리의 과거를 되돌아보기만 해도 실감할 수 있다. 만약 지금 알고 있는 지식과 함께 5년 전의 나로 돌아간다면, 내가 몰라서 5년간 지불했던 무지세를 많이 줄일 수 있을 것이다. 이 무지세는 경험 부족으로도 발생하지만 지식 부족으로 발생할 때가 많다.

세상을 공부하면 무지세를 줄임과 동시에 인생의 선택권이 많아진다. 세상에 대한 관심을 가지고 공부를 하다 보면 더 많은 지식을 얻게 되고, 지식이 쌓이면 세상을 보는 시야가 넓어진다. 이로 인해 내가 원하는 삶을 살아갈 수 있는 선택지도 많아진다.

'저런 일을 하면서도 살아갈 수 있구나' '세상에는 저런 경험과 기회들이 존재하는구나'라는 사실을 알게 되면, 내가 선택할 수 있는 기회가 더 많아진다. 이 책을 읽는 독자들이 나의 경험들을 간접적으로 돌아보면서 각자의 세상을 확장시키는 기회를 얻기를 바란다.

물론 내가 지금 대단한 사람이어서 이런 이야기를 전달하는 것은 절대 아니다. 나는 지금도 더 큰 세상을 배우고 발전해, 궁극적으로 더 많은 사람들에게 기회를 만들어 주고 싶다. 그래서 내가 겪은 다양한 경험들을 공유하면 어디선가 우연히 나의 모습을 보며 글로벌 리더로 성장하는 친구들이 있지 않을까 생각한다. 대단한 리더가 아니더라도 그저 조금이나마 더 주체적이고 행복한 하루하루를 살아가는 사람들이 많아지기를 진심으로 기원한다.

더 큰 세상을 보고, 배우고, 이끌고 싶은 이들에게
세상을 공부하다

초판 1쇄 인쇄 2023년 10월 20일
초판 1쇄 발행 2023년 10월 25일

지은이 우태영
펴낸이 우태영
펴낸곳 블루북스미디어
등 록 2017년 12월 27일 제409-251002017000100호

주소 경기도 김포시 김포한강11로 288-37
전화 0507-0177-7438 **팩스** 050-4022-0784
이메일 ilove784@gmail.com

마케팅 백지수
유 통 (주)천그루숲

ISBN 979-11-93000-27-4 (13320) 종이책
ISBN 979-11-93000-28-1 (15320) 전자책